# 新版 イベント おりがみ

JN051828

主婦の友社

# もくじ

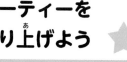

# きほんのおり方と記号のやくそく

楽しくおりがみをするために、きほんのおり方を知っておきましょう。
おるときのお手本になる「おり図」には、いろいろな記号が出てきます。
おぼえておくと、おるのがかんたんになります。

## ●谷おり

点線のところが内がわに
「谷」になるようにおります。

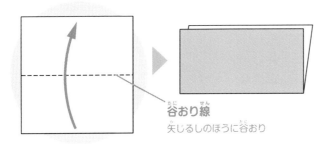

谷おり線
矢じるしのほうに谷おり

## ●山おり

点線のところが外がわに
「山」になるようにおります。

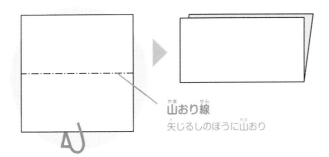

山おり線
矢じるしのほうに山おり

## ●おりすじをつける

一度おってもどすと、
すじがついて次をおる目安になります。

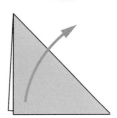

点線のところで
谷おりしたあと、
もどします。

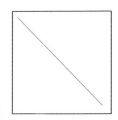

おったところに
おりすじがつきました。

## 指アイロンをギューッ!

アイロンをかけるみたいに、
おり目を指でギューッと
なぞりましょう。
しっかりおり目がついて、
きれいにおれますよ。

ギューッ!

4

# ●開いてつぶす

## 四角を開いてつぶす

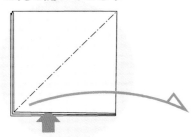

↑のあたりから、四角のふくろに指を入れます。
そして、矢じるしのほうに開いたら、つぶします。

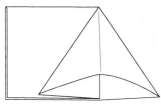

四角のふくろに
指を入れて
開いたところ。

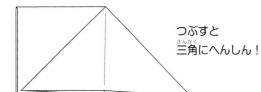

つぶすと
三角にへんしん！

## 三角を開いてつぶす

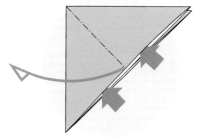

↑のあたりから、三角のふくろに指を入れます。
そして、矢じるしのほうに開いたら、つぶします。

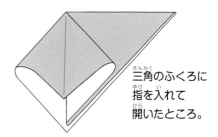

三角のふくろに
指を入れて
開いたところ。

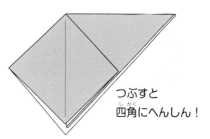

つぶすと
四角にへんしん！

# ●だんおり

おり上がりが「だん」になるように、
山おりと谷おりをとなり合わせにおります。

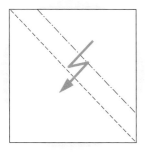

さいしょに谷おりで
半分におったら、
点線のところでおり返します。

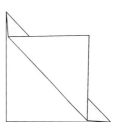

山おりと谷おりが
となり合わせになって、
「だん」がおれました。

## ●中わりおり

なか

ふたつおりの間をわって、おり入れます。

指でおして、おり入れるよ。

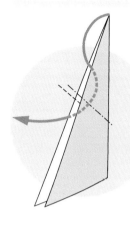

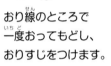

少し広げて、
おりすじのところで
中におり入れます。

おり線のところで
一度おってもどし、
おりすじをつけます。

もっと
おり下げて…

中わりおりの
でき上がり。

## ●外わりおり

そと

ふたつおりを、とちゅうからぐるんとうら返します。

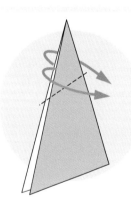

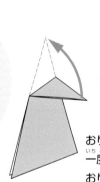

ふたつおりを広げて、
おりすじのところで
ぺこんとうら返します。

おり線のところで
一度おってもどし、
おりすじをつけます。

おりたたむと、
外わりおりの
でき上がり。

## ●おりずらす

おっている面とちがう面を出します。

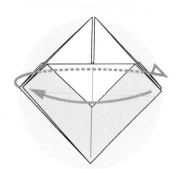

手前を左に、
向こうを右に
おります。

今まで
おっていたのと
ちがう面が出ました。

Part **1**

# きせつの
# かざり

クリスマスやハロウィン、
ひな祭りや子どもの日など
きせつに合ったかざりを手作りしてみない？
たくさんおって、にぎやかにかざると
イベントがもっともっと楽しくなるね！

# オーナメントを
# おりがみで

星やくつ下をおって、
ツリーをかざろう。
にぎやかなツリーに、
サンタさんもよろこんでくれそう♪

## サンタさん
## 早く来てね!

自分でおった
オーナメントをかざろう。
クリスマスが待ち遠しい!

# きらきらぼし

同じ形を6つ組み合わせて作る、
ごうかなお星さま。

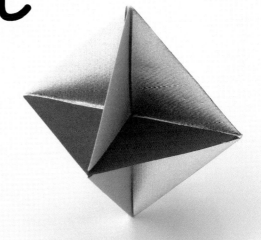

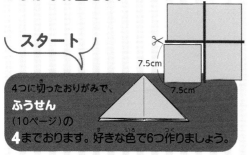

**スタート**

7.5cm
7.5cm

4つに切ったおりがみで、
**ふうせん**
（10ページ）の
**4**までおります。好きな色で6つ作りましょう。

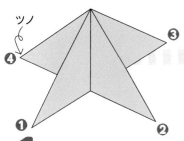

ツノ

**1** 4つのツノを立たせて
星形にします。

フ～ッ！

**こんな遊び方も！**

手ではさむように
持って息をふきかけて
みて。くるくる回るよ

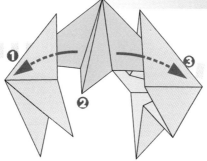

**2** 星形を合体させます。❶と❸のツノを
となりの星の中にさしこんだら、
❷と❹のツノはぎゃくに表に出します。
❷と❹のツノの中には、べつの星の
ツノが入ります（**3**の図）。

**3**

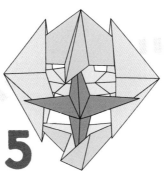

**5** 6つ全部組み合わせたら、
角を1つずつ指でトントンして
すき間をつめていきます。

**できあがり**

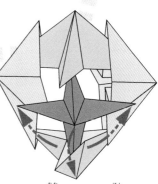

**4** **2**と同じルールで星を
1つずつふやしていきます。
はじめはゆるく組んで
おきましょう。

# ふうせん

金紙や銀紙で小さくおって、
すずに見立てたよ!

スタート

10×10cmくらいに切ったおりがみで始めます。

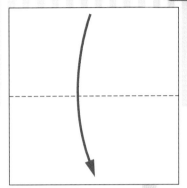

**1** 半分におります。

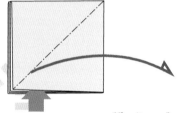

**3** ⬆から指を入れ、矢じるしのほうへ開いてつぶします。

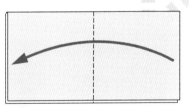

**2** もう一度半分におります。

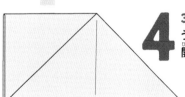

**4** 3をおったところ。うらも3と同じように開いてつぶします。

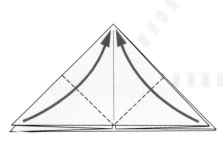

**5** 両方の角をおり上げます。うらも同じに。

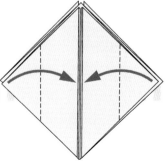

**6** まん中で合うように両方の角をおります。うらも同じに。

# ほし

おって1回切るだけで、
きれいな形に!

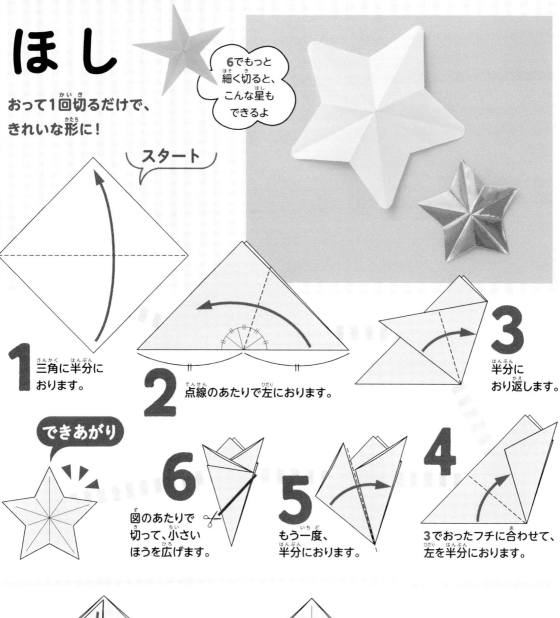

**6でもっと
細く切ると、
こんな星も
できるよ**

**スタート**

**1** 三角に半分に
おります。

**2** 点線のあたりで左におります。

**3** 半分に
おり返します。

**できあがり**

**6** 図のあたりで
切って、小さい
ほうを広げます。

**5** もう一度、
半分におります。

**4** 3でおったフチに合わせて、
左を半分におります。

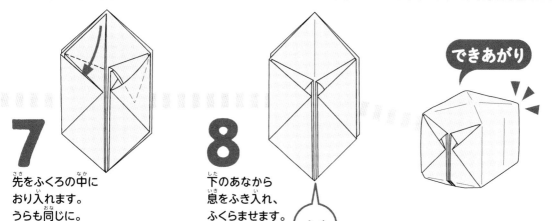

**7** 先をふくろの中に
おり入れます。
うらも同じに。

**8** 下のあなから
息をふき入れ、
ふくらませます。

**ふく**

**できあがり**

# えんとつのいえ

えんとつからサンタさんが
入ってくるといいな！

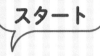
スタート

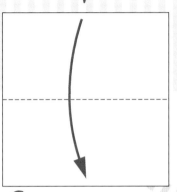

**1** 半分におります。

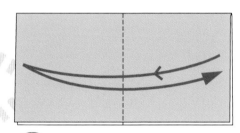

**2** おりすじをつけます。

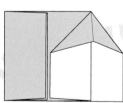

4をおっているところ

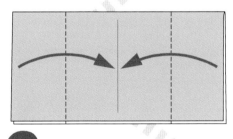

**3** 左右をおります。

**4** ふくろの⬆から指を入れ、
それぞれの矢じるしのほうへ
開いてつぶします。

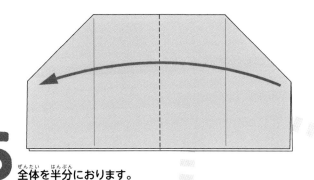

**6** 全体を半分におります。

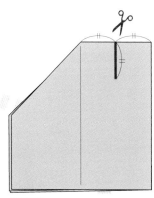

**7** てっぺんのまん中に切りこみを入れます。

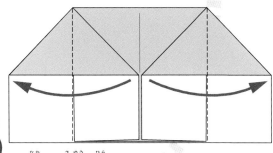

**5** まん中から左右に開きます。

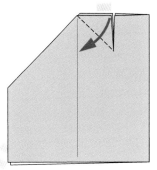

**8** 切りこみのところでまとめて三角におります。

「いえ」という作品がとちゅうでおれるよ!

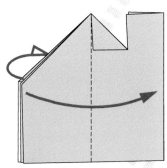

**9** 中の2まいをのこして手前と向こうがわにおります。

**できあがり**

# くつした

**スタート**

## 1
色のついたほうを
表にして、フチを少し
おり返します。

うらがえす

## 2
うら返したら、半分に
おってもどします。

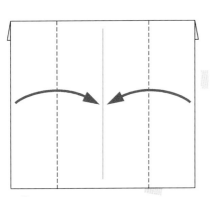

## 3
おりすじに合わせて
左右をおります。

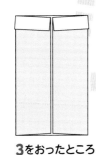

**3をおったところ**

うらがえす

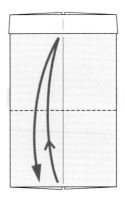

## 4
うら返したら、
白のフチに合わせて
おってもどします。

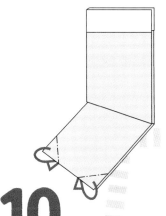

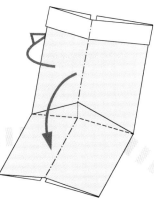

## 9

そのまま山をかぶせるように
しながら、全体を半分におります。

## 10

角を中におりこみます。

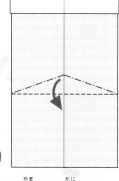

## 8

図のように山おりと谷おりの
おりすじをつけたら、山のところを
つまんで前に出します。

できあがり

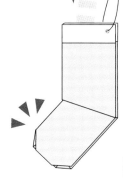

プレゼントがたくさん
とどきますように♡

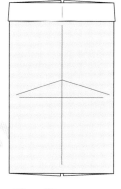

## 7

一度この形まで広げます。

## 5

向こうがわへ
半分におります。

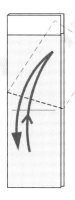

## 6

おりすじのところから
ななめにおって、もどします。

15

# サンタクロース

プレゼントをつんで、
ソリに乗って空をかけるよ！

スタート

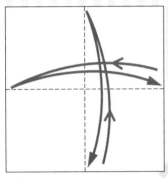

**1** たて・横におりすじを
2つつけます。

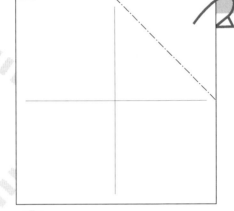

**2** うらのまん中に合うように、右上
の角を向こうがわにおります。

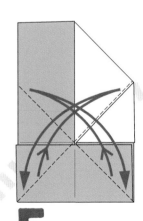

**5** ななめにおりすじを2つ
つけます。

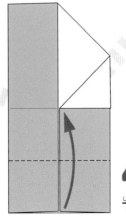

**4** 下だけ半分におり上げます。

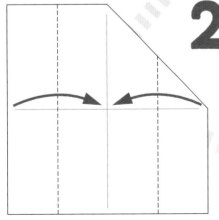

**3** おりすじに合わせて
左右をおります。

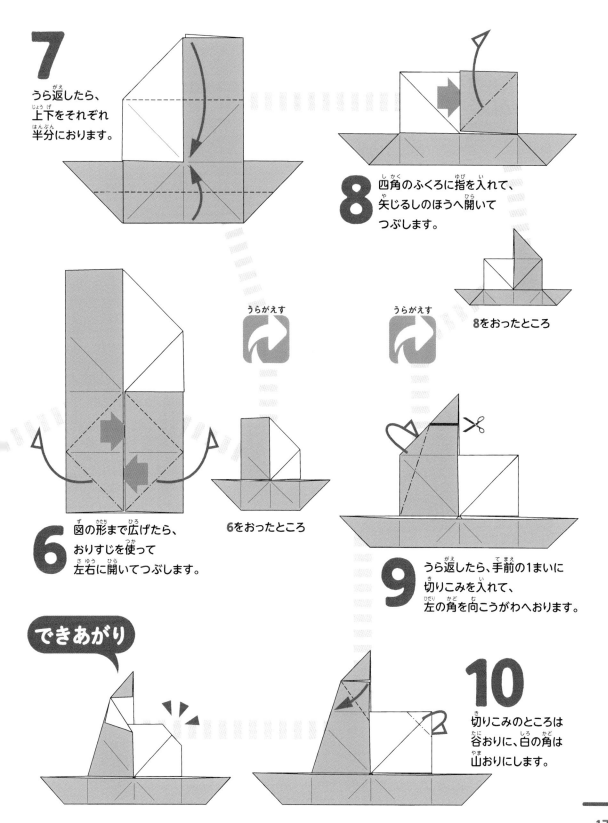

**7** うら返したら、
上下をそれぞれ
半分におります。

**8** 四角のふくろに指を入れて、
矢じるしのほうへ開いて
つぶします。

**8をおったところ**

うらがえす

うらがえす

**6** 図の形まで広げたら、
おりすじを使って
左右に開いてつぶします。

**6をおったところ**

**9** うら返したら、手前の1まいに
切りこみを入れて、
左の角を向こうがわへおります。

**できあがり**

**10** 切りこみのところは
谷おりに、白の角は
山おりにします。

# クリスマスツリー

**おりがみを5まい使う大きなツリー。**
**にぎやかにデコってね！**

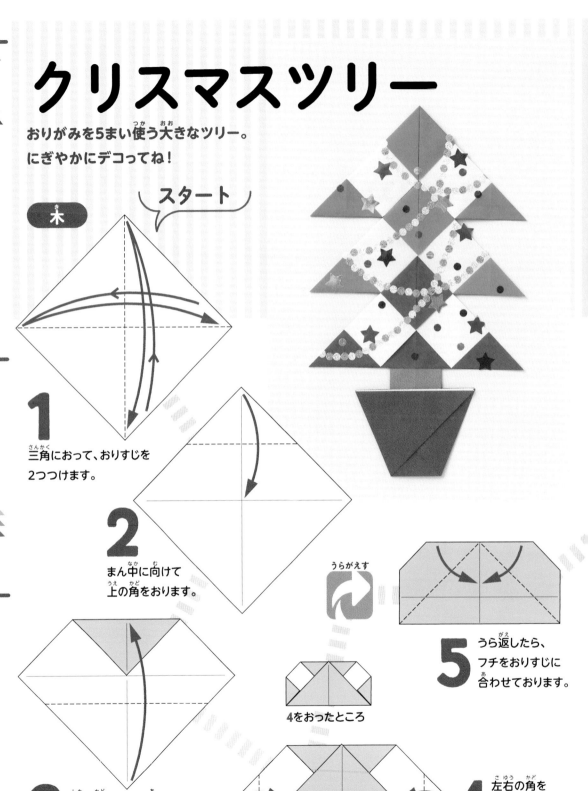

スタート

木

**1** 三角におって、おりすじを
2つつけます。

**2** まん中に向けて
上の角をおります。

**3** 下の角をフチに合わせて
おり上げます。

**4** 左右の角を
内がわに
おります。

うらがえす

**5** うら返したら、
フチをおりすじに
合わせております。

4をおったところ

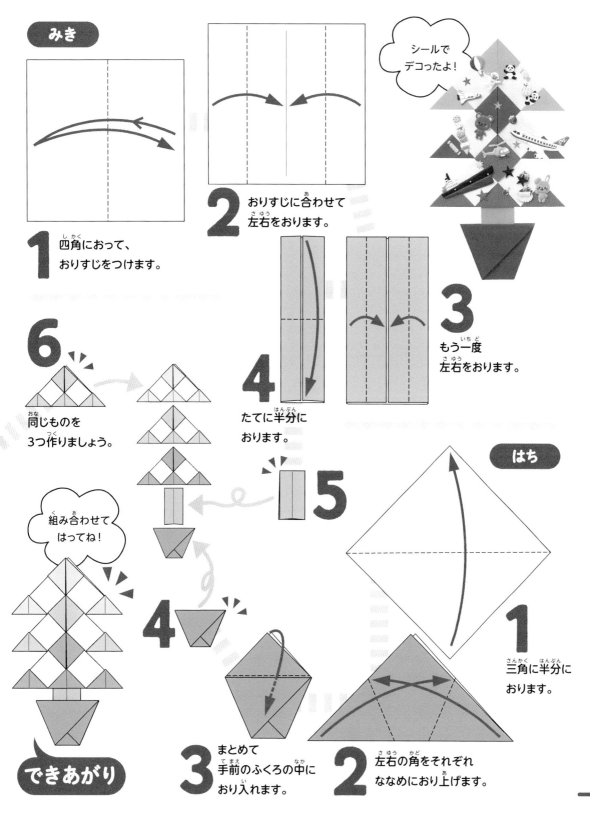

**みき**

**1** 四角におって、おりすじをつけます。

**2** おりすじに合わせて左右をおります。

**3** もう一度左右をおります。

**4** たてに半分におります。

**5**

**6** 同じものを3つ作りましょう。

シールでデコったよ！

組み合わせてはってね！

**できあがり**

**4** まとめて手前のふくろの中におり入れます。

**3** まとめて手前のふくろの中におり入れます。

**2** 左右の角をそれぞれななめにおり上げます。

**はち**

**1** 三角に半分におります。

# ちょっぴりすてきに
# 行事をおいわい

おいわいかざりは ちょっと大人っぽく。
こんなにおれたら、びっくりされちゃうかも?

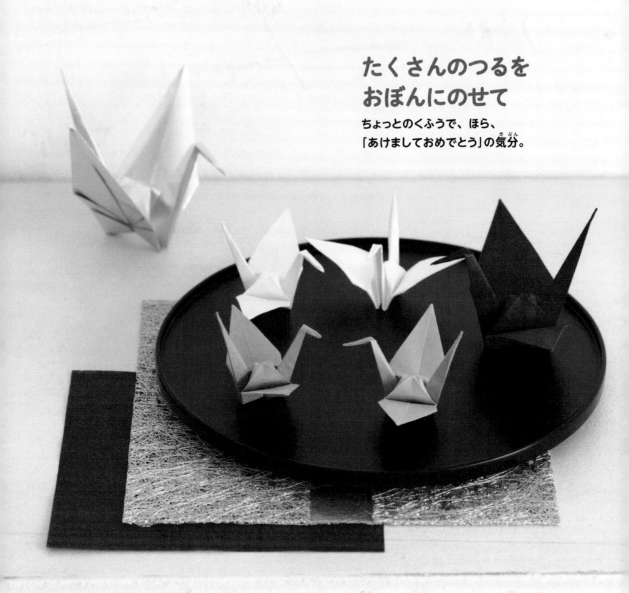

## たくさんのつるを
## おぼんにのせて

ちょっとのくふうで、ほら、
「あけましておめでとう」の気分。

## ちょこんと
## おすまし
## おひなさま

かわいいがらの千代紙を
見つけたら
チャレンジしてみて！

## 子どもの日のかざりは
## はく力いっぱいに！

大小丸く切った画用紙に
大きくおったかぶとをはって、
こいのぼりも泳がせたよ。

# つる

えんぎのいいつるは、
お正月のかざりにぴったり！

スタート

**1** 角を合わせて半分におります。

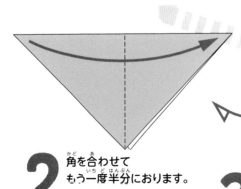

**2** 角を合わせて
もう一度半分におります。

**3** ▶から指を入れ、
矢じるしのほうへ
開いてつぶします。

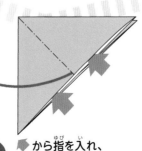

3をおっているところ

**4** うらも3と同じように
開いてつぶします。

**6**

手前の角をおり上げて
ダイヤ形につぶします。
左右の角はおりすじの
ところで内がわにたたみます。

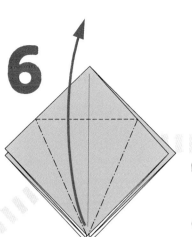

**7**

6をおっているところ。
うらも同じように5～6をおります。

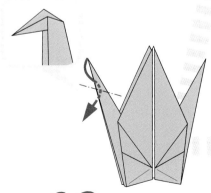

**5** 点線のところで
おりすじをつけます。

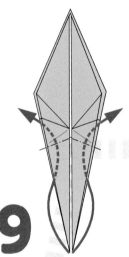

**9** 中わりおりで大きくおり上げます。

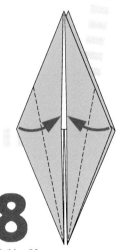

**8** 左右を細くおります。うらも同じに。

**10** 小さい中わりおりで
頭をおります。

**できあがり**

羽をきれいに
広げましょう。

# おひなさま

男びなと女びなで、
とちゅうからおり方が
分かれるよ。

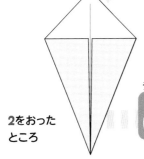

**スタート**

## 1
半分におってもどし、
おりすじをつけます。

## 2
おりすじに合わせて
左右をおります。

**2をおった
ところ**

うらがえす

## 3
うら返したら、
上の左右をおりすじに
合わせております。

## 4
全体を
半分におります。

**5をおった
ところ**

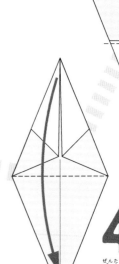

## 5
点線のところで
おり上げます。

24

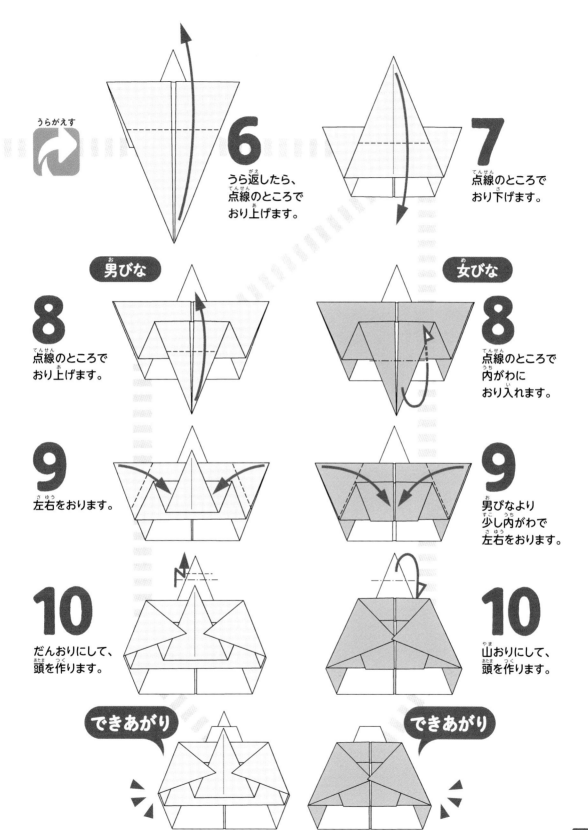

**うらがえす**

**6**
うら返したら、
点線のところで
おり上げます。

**7**
点線のところで
おり下げます。

**男びな**

**8**
点線のところで
おり上げます。

**女びな**

**8**
点線のところで
内がわに
おり入れます。

**9**
左右をおります。

**9**
男びなより
少し内がわで
左右をおります。

**10**
だんおりにして、
頭を作ります。

**10**
山おりにして、
頭を作ります。

**できあがり**

**できあがり**

# こいのぼり

もようのある紙でおったり、
でき上がりに目や
もようをかいたりしよう!

**スタート**

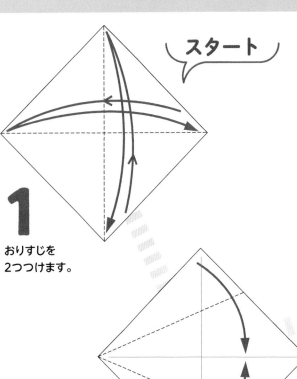

## 1

おりすじを
2つつけます。

## 2

おりすじに合わせて
上下をおります。

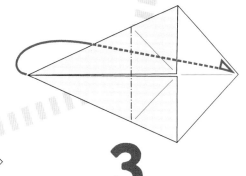

## 4

から指を入れ、
矢じるしのほうへ
開いてつぶします。

## 3

左右の角を合わせて
向こうがわへおります。

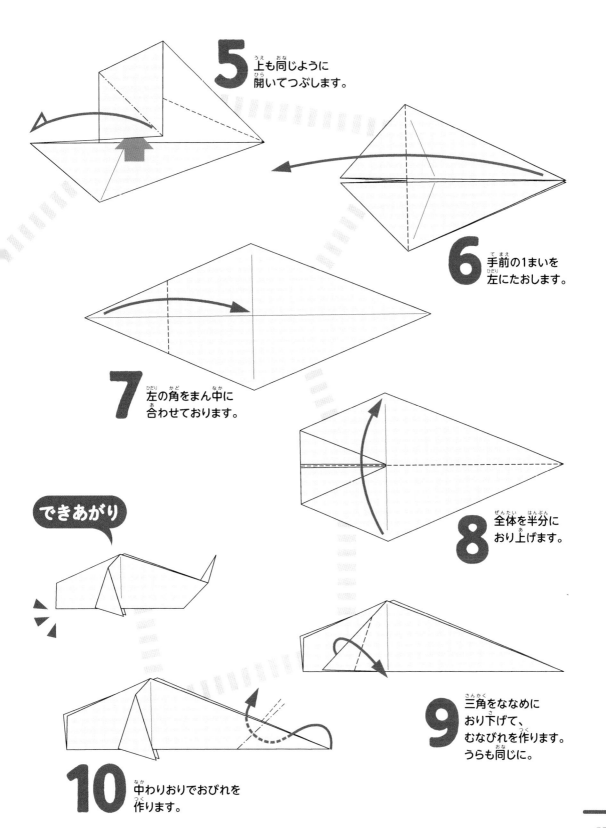

**5** 上も同じように
開いてつぶします。

**6** 手前の1まいを
左にたおします。

**7** 左の角をまん中に
合わせております。

**8** 全体を半分に
おり上げます。

できあがり

**9** 三角をななめに
おり下げて、
むなびれを作ります。
うらも同じに。

**10** 中わりおりでおびれを
作ります。

# かぶと

むかし、さむらいが
たたかいのときに
頭を守るためにかぶったよ。

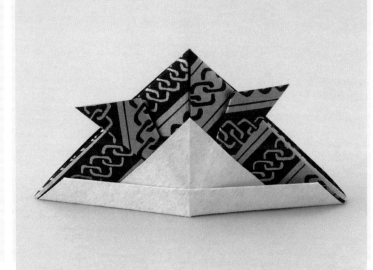

スタート

## 1

半分におってもどし、
おりすじをつけます。

## 2

角を合わせて
半分におります。

## 3
左右の角を下まで
おります。

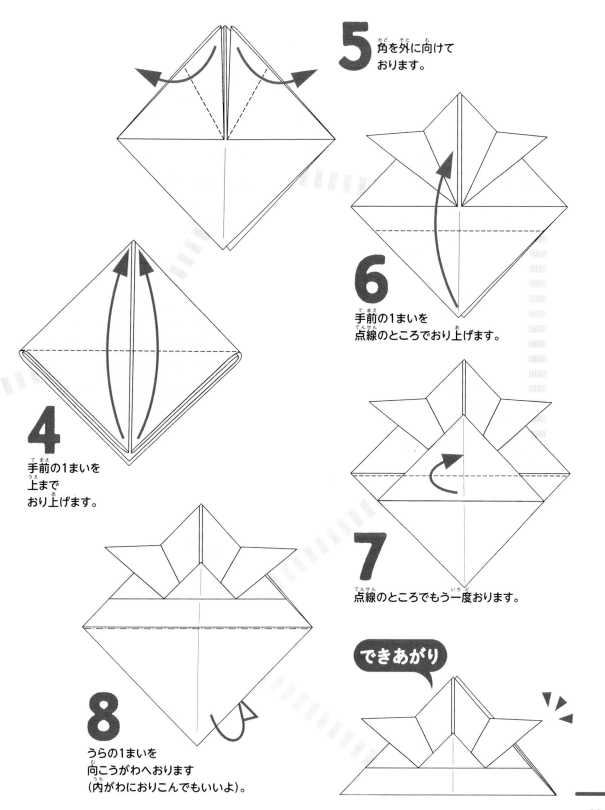

**5** 角を外に向けて
おります。

**6** 手前の1まいを
点線のところでおり上げます。

**4** 手前の1まいを
上まで
おり上げます。

**7** 点線のところでもう一度おります。

**8** うらの1まいを
向こうがわへおります
（内がわにおりこんでもいいよ）。

でき あがり

## かわいくおって
## 春色ガーランド
<small>はるいろ</small>

リボンを横にわたして
いちごと、よつばのクローバーの
おりがみをつけてみたよ。
花や葉っぱ、みつばちは切り紙で。

## ビーズがすずしげ！
## 夏のかざり
<small>なつ</small>

ソフトワイヤーにビーズを通して
輪にしたよ。テグスで
エンゼルフィッシュをつるしたら、
ゆらゆら泳いでいるみたい！

## 雪のつるしかざりに
## うっとりしちゃう

大小いろいろのふうせんは
銀色や青色のつつみ紙でおったよ。
雪のけっしょうの切り紙も
いっしょにかざってね。

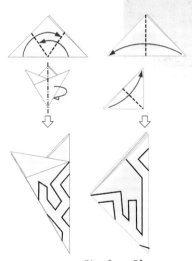

おりがみをおって線で切って広げると
切り紙ができます。

## きせつごとに楽しく
## 部屋をもようがえ

おりがみで楽しい部屋かざりができちゃう♪
使う紙やかざり方しだいで、
ちがったイメージになるよ。

# いちご

赤と緑の両面おりがみでおると
ちゃんとヘタができるよ。

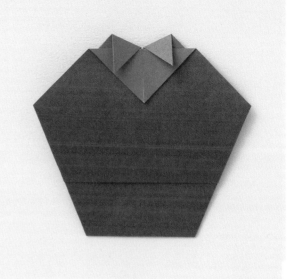

スタート

## 1
図のように
おりすじをつけたら、
三角におります。

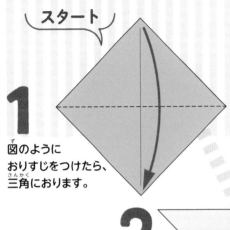

## 2
上の1まいだけ、
先がとび出すように
おり上げます。

2をおったところ

うらがえす

## 6
「へた」をななめに
おります。

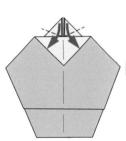

## 5
うら返したら、
上の角を
少しおり下げます。

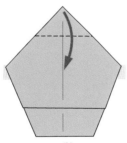

うらがえす

## 3
うら返したら、
おりすじに合わせて
左右をおります。

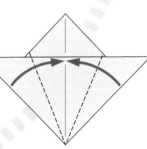

できあがり

## 4
下の角をおり上げます。

# よつばの
# クローバー

緑の両面おりがみを使っておってね。

**スタート**

葉っぱにしたい色を表にして
**つる**（22ページ）の
**4**までおります。

**むきをかえる**

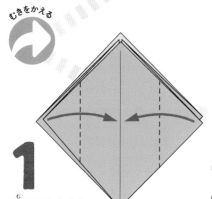

## 1
向きをかえたら、
まん中で合うように
左右の角をおります。
うらも同じに。

## 2
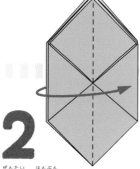

全体を半分におります。

## 3
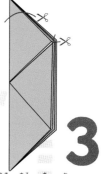

先を丸く切り落とし、
右上の角には小さく
切りこみを入れます。

## 6
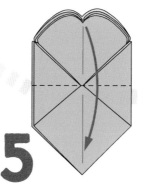

下の1まいを
おさえながら
花びらを広げて、
上からおしつぶします。

**できあがり**

## 5
合わせ目のところで
おり下げます。

## 4
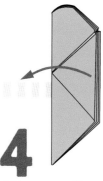

手前の2まいを開いて、
**2**の形にもどします。

# エンゼル
# フィッシュ

両面おりがみで
色ちがいのパーツを2つおって、
組み合わせるよ。

スタート

## 1
三角に半分に
おります。

## 2
フチとフチを合わせて
おります。

4をおったところ

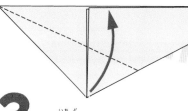

## 3
もう一度、フチとフチを
合わせております。

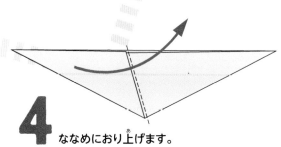

## 4
ななめにおり上げます。

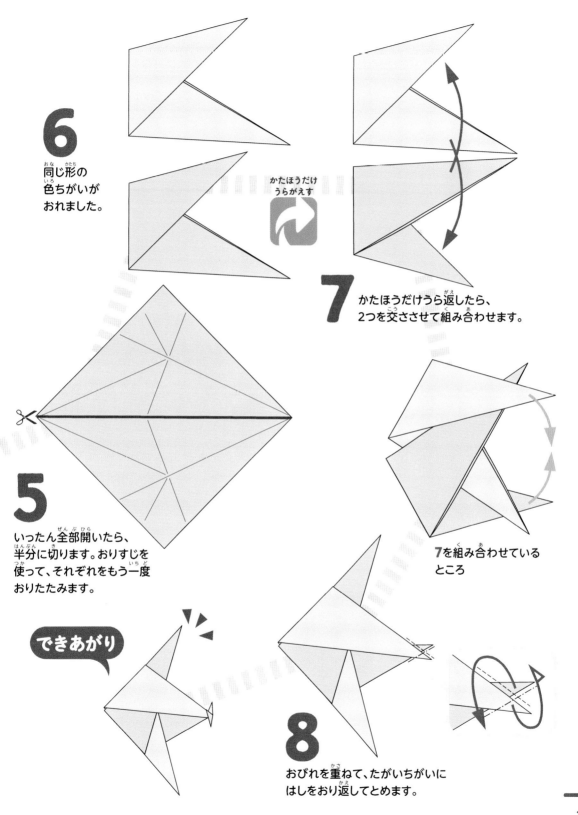

**6**

同じ形の
色ちがいが
おれました。

かたほうだけ
うらがえす

**7**

かたほうだけうら返したら、
2つを交ささせて組み合わせます。

**5**

いったん全部開いたら、
半分に切ります。おりすじを
使って、それぞれをもう一度
おりたたみます。

**7**を組み合わせている
ところ

**できあがり**

**8**

おびれを重ねて、たがいちがいに
はしをおり返してとめます。

## ハロウィンおりがみ
## イロイロ

かぼちゃや黒（くろ）ねこ、こうもりなど、
コワくてゆかいななかまをおろう。
おばけは42ページの絵（え）を使（つか）って
かんたんに作（つく）れるよ。

# かぼちゃも
# おばけも
# つるしてかざろう

ハロウィンのものをたくさんおって、
つるしかざりにしよう。
まどぎわでユラユラゆれるのが
コワくて楽（たの）しい!?

# まじょのぼうし

ま女がかぶるような、とんがりぼうしだよ。

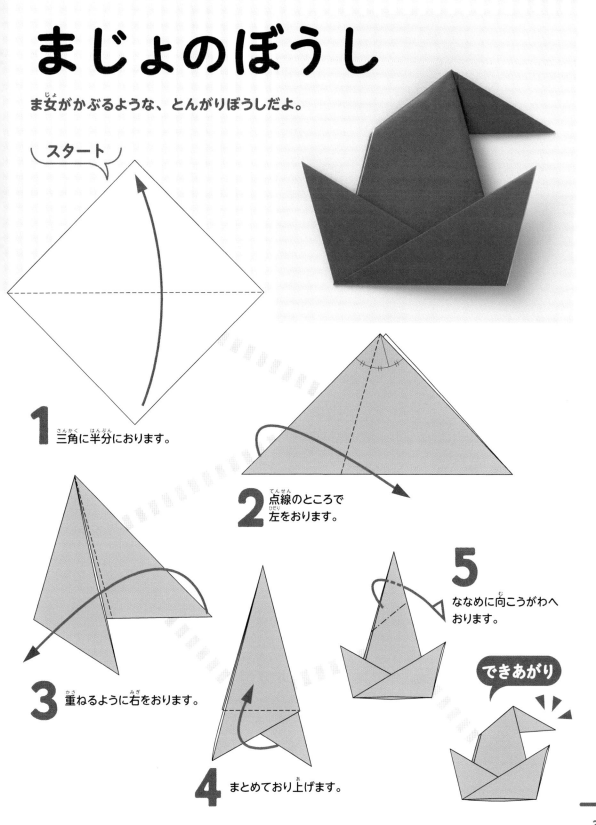

スタート

**1** 三角に半分におります。

**2** 点線のところで左をおります。

**3** 重ねるように右をおります。

**4** まとめており上げます。

**5** ななめに向こうがわへおります。

できあがり

# くろねこ

「にゃお〜ん」。そんな鳴き声が聞こえてきそう!

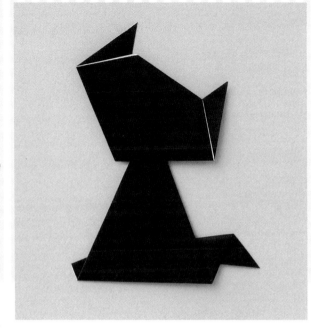

頭　スタート

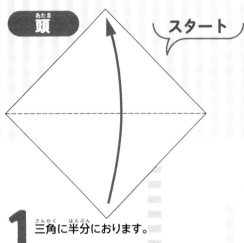

**1** 三角に半分におります。

**2** 上の角を少しおり下げます。

**3** 左右の角をそれぞれななめにおり上げます。

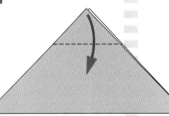

**3**をおったところ

体

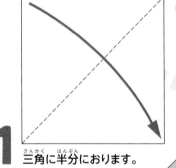

**1** 三角に半分におります。

**2** 点線のあたりでななめにおり上げます。

**3** 点線のあたりでななめにおり返します。

できあがり

うらがえす

うらがえす

頭と体をくっつけてね。

**3**をおったところ

# こうもり

大きなつばさとピンと立った耳が
トレードマーク。

**スタート**

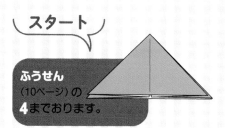

**ふうせん**
（10ページ）の
**4**までおります。

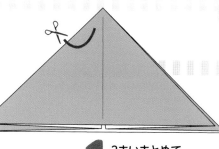

**1** 2まいまとめて、
丸く切りこみを入れます。

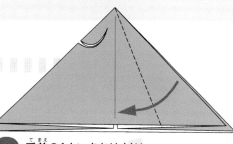

**2** 手前の1まいをおりすじに
合わせております。

**4** おりずらして、おる面をかえます。

**3** 向こうの1まいも
同じように
向こうがわへおります。

**できあがり**

**5** 切りこみの終わりの
ところでおり下げます。

かぼちゃ

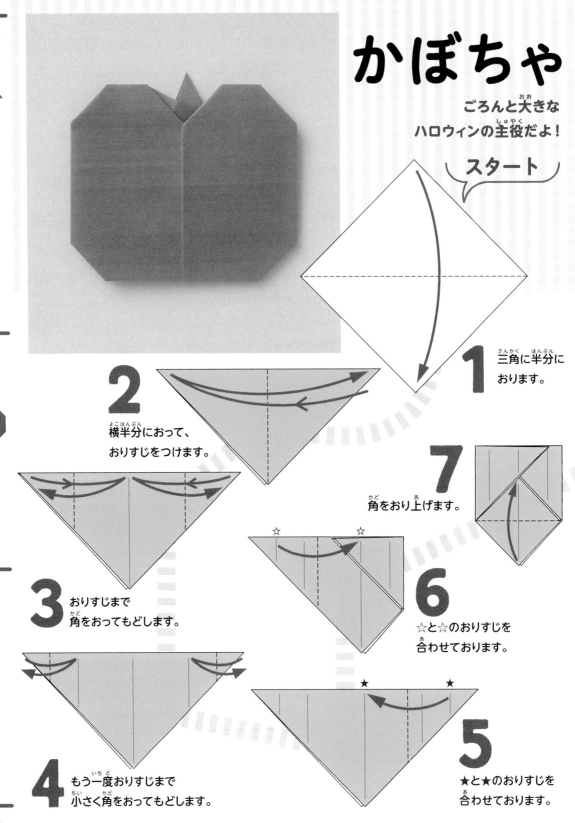

# かぼちゃ

ごろんと大きな
ハロウィンの主役だよ!

スタート

**1** 三角に半分に
おります。

**2** 横半分におって、
おりすじをつけます。

**3** おりすじまで
角をおってもどします。

**4** もう一度おりすじまで
小さく角をおってもどします。

**5** ★と★のおりすじを
合わせております。

**6** ☆と☆のおりすじを
合わせております。

**7** 角をおり上げます。

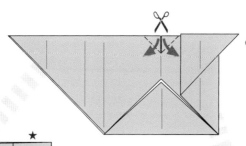

# 10

まん中に小さく
切りこみを入れ、
小さくおって開きます。

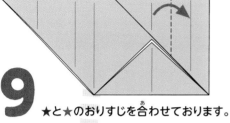

# 9

★と★のおりすじを合わせております。

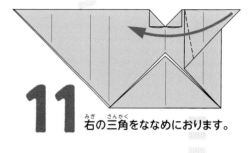

# 11

右の三角をななめにおります。

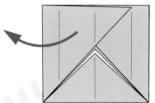

# 8

手前の1まいを
左へ開きます。

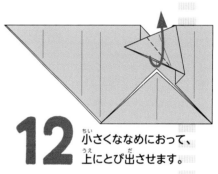

# 12

小さくななめにおって、
上にとび出させます。

でき**あがり**

うらがえす

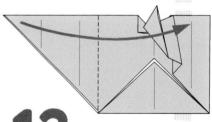

# 13

おりすじのところで
大きくおります。

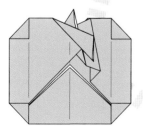

15をおったところ

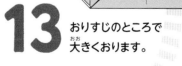

# 15

角を4つとも
小さくおります。

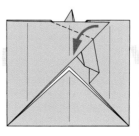

# 14

小さくななめに
おり下げます。

# おばけと
# ドクロ

画用紙を切って作ろう。
ハロウィンのゆかいな
なかまたち！

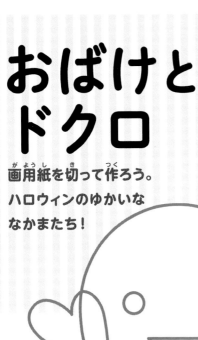

## 「かた紙」をコピーして使ってね！

画用紙にコピーした「かた紙」をのせて、ボールペンで線を
強くなぞろう。形を写し取ったら、切ってはり合わせよう。

作ってみよう
つるしかざり
（36ページ）

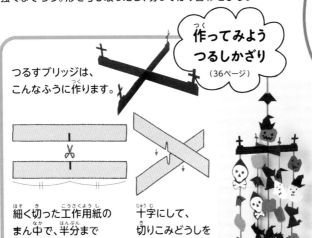

つるすブリッジは、
こんなふうに作ります。

細く切った工作用紙の
まん中で、半分まで
切りこみを入れます。

十字にして、
切りこみどうしを
はめこみます。

# Part 2

# アイドル
# ステージ

歌ったり、おどったり、

アイドルにへんしんしたいな♥

パパみたいなかっこいい

ビジネスマンになりたーい!

そんなねがいがかなう

コスプレおりがみがいっぱいだよ!

# できる
# ビジネスマンは
# ぼくです！

ネクタイやサングラス、うで時計まで
みんなおりがみ！
名し交かんで「よろしくおねがいします！」。

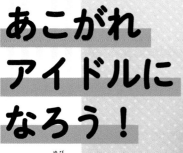

# あこがれ アイドルに なろう！

リボンや指わ、
ブレスレットをつけて
マイクを持ったら、
アイドルにへんし〜ん！
歌っておどって、もり上がろう☆

# リボン

かわいいもようの紙でおってね。
うらにヘアピンをつければ、
ヘアアクセにも。

スタート

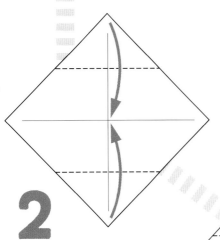

## 1

おりすじを
2つつけます。

## 2

まん中に向けて
上下をおります。

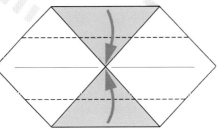

## 3

おりすじに合わせて
上下をおります。

## 4

半分におります。

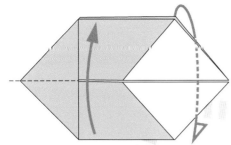

**6** おりずらして、
次におる面をかえます。

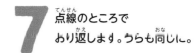

**7** 点線のところで
おり返します。うらも同じに。

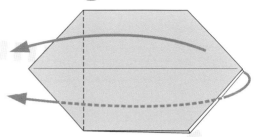

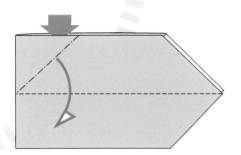

**5** ⬇から指を入れて、
矢じるしのほうへ
開いてつぶします。うらも同じに。

**8** 角をおります。
うらも同じに。

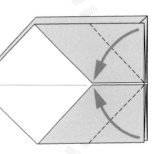

**9** おり目が開かないように
●のところをおさえながら、
両がわに引っぱります。

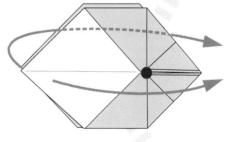

小さい紙でおって、
かみにとめて
みたの

できあがり

47

# ハートの ブレスレット

今日のドレスには、
何色のブレスレットが
いいかしら？

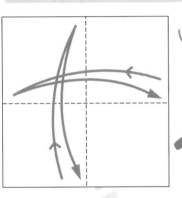

**スタート**

**1** おりすじを
2つつけます。

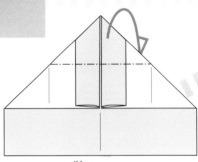

**4** うら返したら、
おりすじのところで
向こうがわへおります。

**2** まくように2回おります。

うらがえす

**3** おりすじに合わせて
向こうがわへおります。

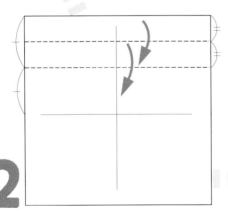

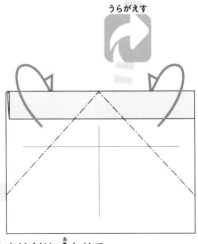

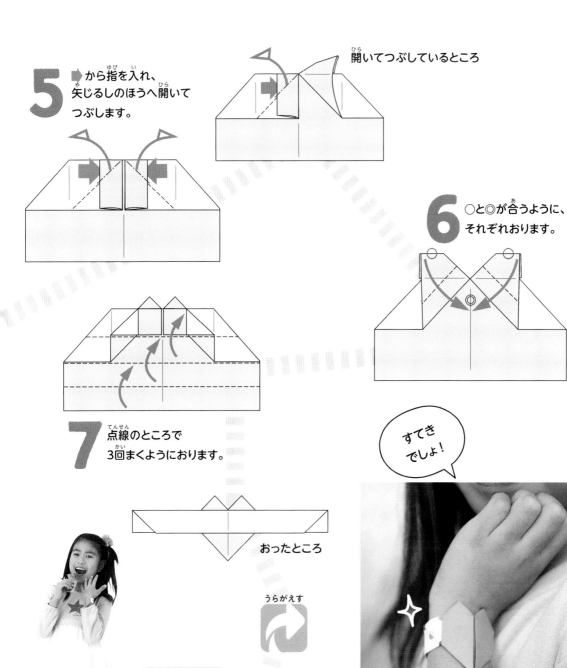

**5** ▶から指を入れ、
矢じるしのほうへ開いて
つぶします。

開いてつぶしているところ

**6** ○と◎が合うように、
それぞれおります。

**7** 点線のところで
3回まくようにおります。

おったところ

うらがえす

**できあがり**

すてき
でしょ！

うでにまいて、わっかにしてとめてね。

# ゆびわ

キラキラおりがみでおると、
ほう石みたいにかがやくの。

スタート

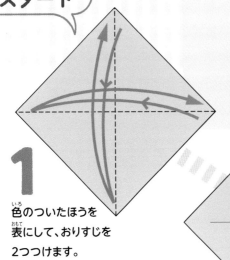

**1** 色のついたほうを
表にして、おりすじを
2つつけます。

**2** まん中に向けて
上下をおります。

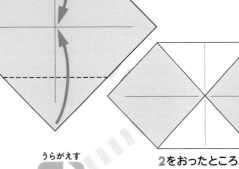

2をおったところ

うらがえす

**3** うら返したら、
もう一度上下をおります。

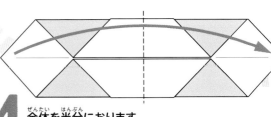

**4** 全体を半分におります。

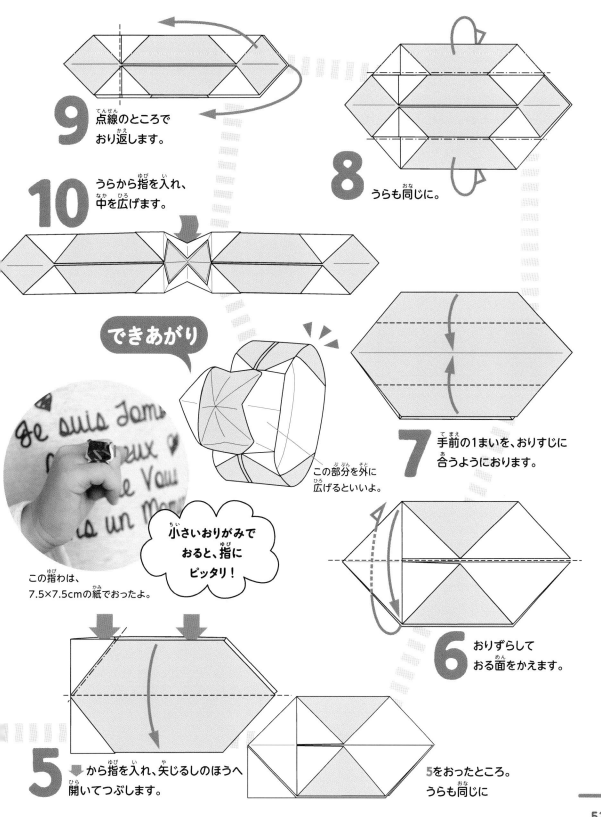

**9** 点線のところで
おり返します。

**8** うらも同じに。

**10** うらから指を入れ、
中を広げます。

できあがり

この部分を外に
広げるといいよ。

**7** 手前の1まいを、おりすじに
合うようにおります。

この指わは、
7.5×7.5cmの紙でおったよ。

小さいおりがみで
おると、指に
ピッタリ！

**6** おりずらして
おる面をかえます。

**5** ▽から指を入れ、矢じるしのほうへ
開いてつぶします。

5をおったところ。
うらも同じに

# ハンドバッグ

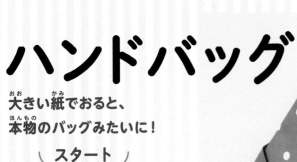

大きい紙でおると、
本物のバッグみたいに！

**スタート**

色のついたほうを表にして、
つる（22ページ）の
4までおります。

むきをかえる

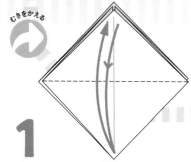

## 1
向きをかえたら、手前の1まいに
おりすじをつけます。

## 2
上の角をまん中に向けており、
さらにおりすじのところでおります。
うらも同じに。

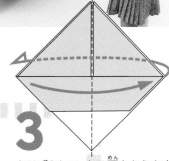

## 3
おりずらして、おる面をかえます。

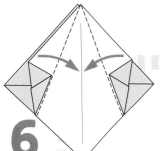

## 6
おりすじで内がわへ
おります。

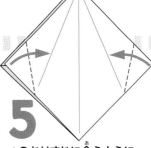

## 5
4のおりすじに合うように、
左右の角をおります。

## 4
おりすじに合わせて
左右をおって、もどします。

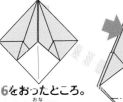

## 7
6をおったところ。
うらも同じに
4〜6をおります。

おりすじをつけたら ➡ から
指を入れ、底を広げます。

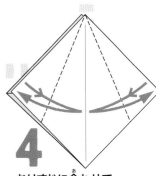

**できあがり**

持ち手をのりで
とめましょう。

# はなのコサージュ

お花紙で作りましょ！
角を丸くして小さく作るだけで
かわいくなるよ。

スタート

**1** お花紙を4〜5まい重ねて、
山おりと谷おりをくり返しております。

※お花紙はうすくてやわらかい紙で、文具店や100円ショップなどで買えます。

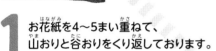

**2** まん中で切りますが、その前にそれぞれの
半分のところをわゴムでとめましょう。

**3** 両はしを丸く切ります。

ヘアピンを
つけてかみどめ
にしたの

できあがり

**4** 1まいずつはがして
起こします。

# マイク

アイドルになりきって、
大好きな歌を歌っちゃおう！

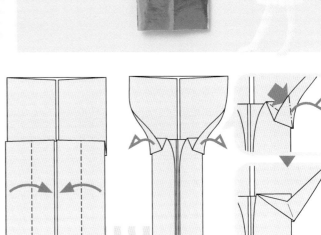

**スタート**

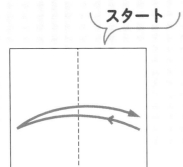

**1** おりすじをつけます。

**2** おりすじに合わせて
左右をおります。

**3** 点線のあたり（半分より少し上）で
だんおりをします。

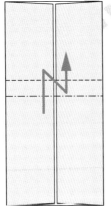

**4** 下だけ、左右を
まん中までおります。

**5** ▶から指を入れ、開いて
つぶします。左も同じに。

**6** 上の両はしを
三角におります。

6をおったところ

うらがえす

**できあがり**

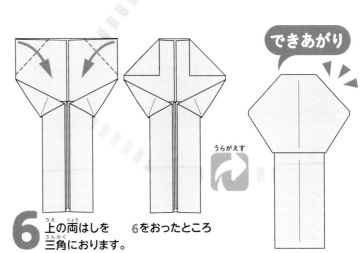

スタート

# ネクタイ

ネクタイをキリッとしめて、
ビジネスマンにへんしんだ！

**1** おりすじをつけます。

**2** おりすじに合わせて
左右をおります。

**3** 点線のあたりで
だんおりをします。

**4** 点線のところで
中心線をこえております。

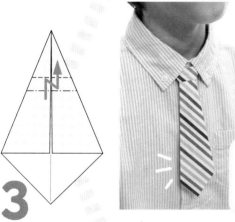

**6** 上の角をおり下げます。

うらがえす

**5** ◀から指を入れ、
矢じるしのほうへ
開いてつぶします。
右も同じように
4〜5をおります。

できあがり

55

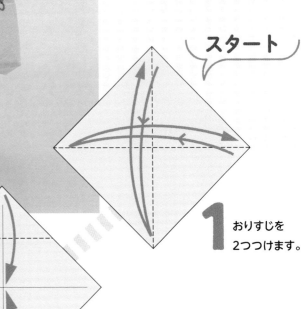

# うでどけい

今、何時かな?
おしゃれな時計でしょ!

スタート

**1** おりすじを
2つつけます。

**2** まん中に向けて、
上下をおります。

**3** もう一度、上下をおります。

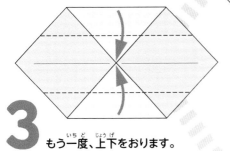

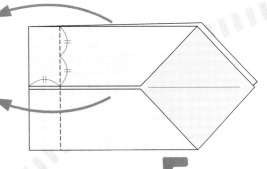

**4** 向こうがわに半分におります。

**5** 点線のところで
左におり返します。
うらも同じに。

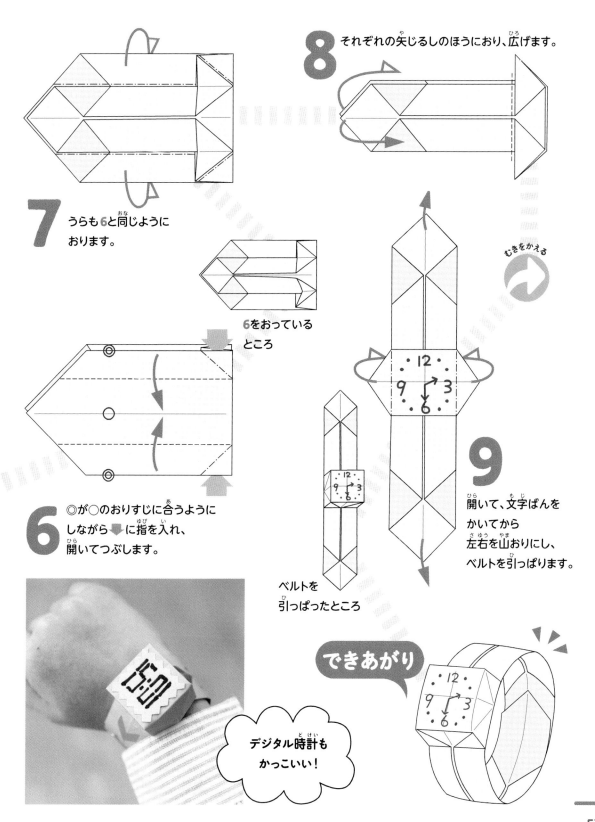

**8** それぞれの矢じるしのほうにおり、広げます。

**7** うらも **6** と同じように
おります。

**6** をおっている
ところ

むきをかえる

**9** 開いて、文字ばんを
かいてから
左右を山おりにし、
ベルトを引っぱります。

ベルトを
引っぱったところ

**6** ◎が○のおりすじに合うように
しながら ⬇ に指を入れ、
開いてつぶします。

できあがり

デジタル時計も
かっこいい!

# サングラス

大きな紙でおると
おでこにもかけられるよ!

スタート

だましぶね
（102ページ）の
**6**までおります。

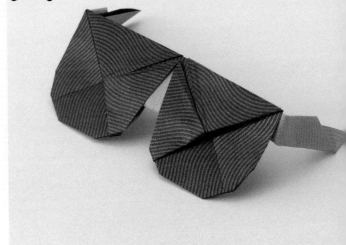

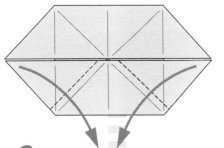

**1** おりすじと少しずらして
下におります。

**2** ▶から指を入れ、
ふくろを開いてつぶします。

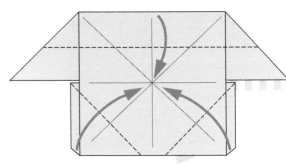

**4** うら返したら、上を半分におります。
そして、下の角を三角におります。
後ろの1まいはおらないように、気をつけて。

うらがえす

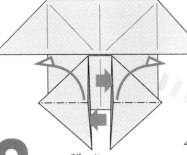

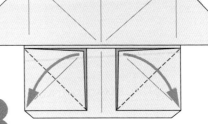

**3** 上の1まいだけ三角におります。

**5**

❶❷のじゅんでおります。
❶まん中の1まいだけ、上にめくってつぶします。
❷まくように2回細くおります。

うらがえす

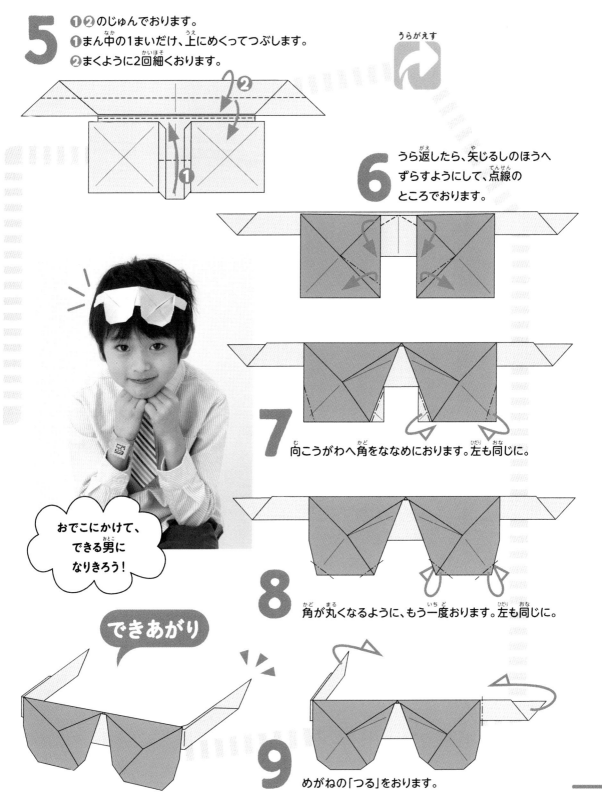

**6** うら返したら、矢じるしのほうへ
ずらすようにして、点線の
ところでおります。

**7** 向こうがわへ角をななめにおります。左も同じに。

**8** 角が丸くなるように、もう一度おります。左も同じに。

おでこにかけて、
できる男に
なりきろう!

**できあがり**

**9** めがねの「つる」をおります。

59

# カードケース

大きくおって名前カードを入れてね。
友だちと名し交かんしよう！

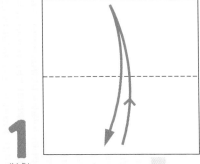

スタート

## 1

半分におってもどし、おりすじをつけます。

## 2

おりすじに合わせて上下をおります。

## 3

おりすじを
つけます。

うらがえす

## 4

うら返したら、おりすじで
合うように左右をおります。

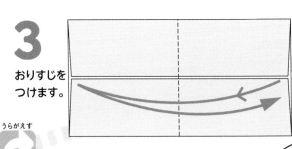

## 5

半分におります。

どうぞ、
よろしく！

できあがり

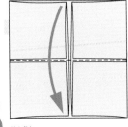

# Part 3

# スポーツ
# おうえんだん

好きなチームやせんしゅに
「がんばれ!」ってつたえたいね。
おうえんにもっと力が入って、
楽しくなるグッズを手作りしてみよう。
運動会など、学校の行事のときにも使えるよ!

# 手作りグッズで スポーツおうえん

メガホンやバトン、
シャツの形のボードなどで、
好きなチームをおうえんしよう！
運動会のときも使えるね。

## いちばんになった
## 思い出に

メダルやトロフィーも手作りで。
思い出いっぱいの記ねん品になりそう!

## ペナントを
## 部屋にかざろう

おうえんしているチームの
ペナントを手作りするのも楽しい♪
三角形に切った色紙に、
おりがみをはりつけたり、
絵や文字をかいたりしよう。

# ハリセン

音を出すための「おうぎ」だよ！
画用紙をゆる～くおるのがポイント。

ハリセン

●用意するもの

画用紙／セロハンテープやマスキング
テープ／おりすじをつける道具（インク
の出なくなったボールペンなど）

スタート

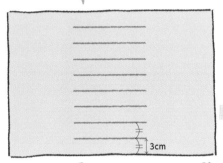

3cm

**1** インクの出なくなったボールペンを使って、
3cmくらいのはばで、画用紙にすじをつけて
いきます。すじは、図のようにまん中あたり
にだけつけます。

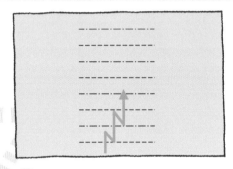

**2** 谷おりと山おりをくり返して、
だんおりにします。

持って、反対の手のひらを
たたいてね。
大きな音がするよ！

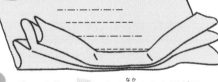

**3** ギュッとおるのは、まん中のあたりだけ。
左右は軽くおさえるだけにします。

できあがり

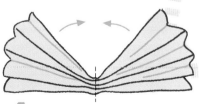

**4** はしまでおり終わったところ。
まん中から2つにおります。

持ち手のところをテープで
ぐるぐるまきにして、とめてね！

パンパン・パシーン！

ゴーゴー！バトン

# ゴーゴー！バトン

ふっておうえん！　おりがみの
フリンジがおしゃれでしょ？

●用意するもの

おりがみ／ラップのしん／のり
やテープ／マスキングテープ

チアガールは
まかせてね！

**スタート**

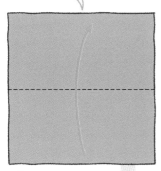

**1** 色のついたほうを表にして、
おりがみを半分におります。

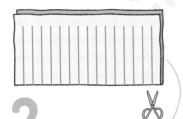

広げる

**2** おり目がわに切りこみをたくさん
入れます。上のはしまで
切らないように気をつけましょう。
切ったら広げます。

**3** 上下のはしをのりづけします。
まん中はおらずに、
ふわっとさせたままにします。

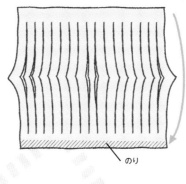

のり

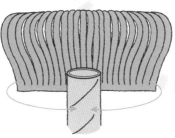

**4** 3のフリンジをラップの
しんにまいて、
のりやテープでとめます。

**できあがり**

**5** マスキングテープなどで
かざりましょう。

# てづくり
# メガホン

**おうえんは大きな声で
したいもんね！**

●用意するもの
画用紙（26×35cmくらい）
／工作用紙／画びょう／の
り／セロハンテープ

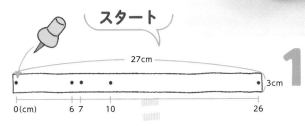

**スタート**

27cm

3cm

0(cm)　6 7　10　　　　　　　　　26

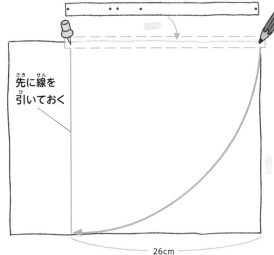

先に線を
引いておく

26cm

**2** 画用紙の26cmのところに、先に線を引いて
おきましょう。上のはしに**1**を重ねます。
じくになる画びょうのところを、動かないように
しっかりおさえたら、26cmのあなにえんぴつを
さし、ぐるっと回してカーブをかきます。

**1** 工作用紙を図の大きさに切ります。
左はしの5mm内がわに画びょうで
あなをあけたら、
そこから6cm、7cm、10cm、26cmの
ところにもあなをあけていきます。
これをコンパスの代わりに使います。

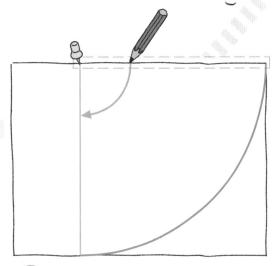

**3** 次に、7cmのあなを使ってカーブをかきます。
これでおうぎ形がかけました。

**4** となりにもう1つ、小さなおうぎ形をかきます。
今度は10cm、7cm、6cmの3本カーブ。図のようにかけたかな?
それぞれにのりしろを1cmくらい足して、おうぎ形を切ります。

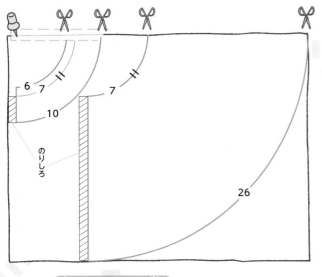

6 7

7

10

のりしろ

26

**5** 丸めてつつにして、
のりしろにのりをぬってとめます。
はがれないように、上から
セロハンテープもはりましょう。

## 小さいおうぎ形

**6**

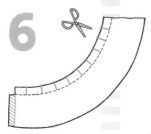

内がわに切りこみを入れます。

切りこみの外がわに
のりをぬりましょう。

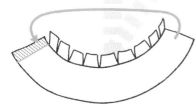

次に7cmのカーブのところでおって
切りこみを立たせたら、
のりしろでとめて、つつにします。
上からセロハンテープで
とめましょう。

**7** 小さなつつの切りこみを、
大きなつつの内がわに
さしこみます。
内がわからも指を入れて、
しっかりのりづけします。

## できあがり

67

もぞう紙などの
大きな紙で「シャツ」
をおります

※大きい紙はおるのが
むずかしいので、大人
にも手つだってもらい
ましょう。

スタート

作品は、もぞう紙（109×79cm）からおっているよ。

# シャツがた
# おうえんボード

大きな紙を、がんばっておろう！
これでおうえんしたら、目立てるぞ！！

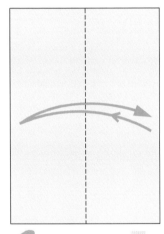

## 1
半分におって
もどします。

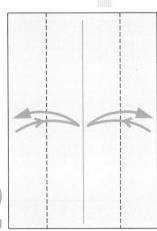

## 2
おりすじに合わせておって、
もう2つおりすじをつけます。

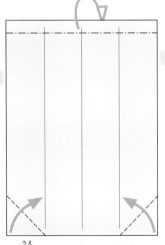

## 3
上は5cmくらいのはばで
向こうがわにおります。下は
おりすじに合わせて角をおります。

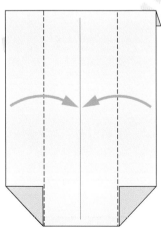

## 4
おりすじのところで
左右をおります。

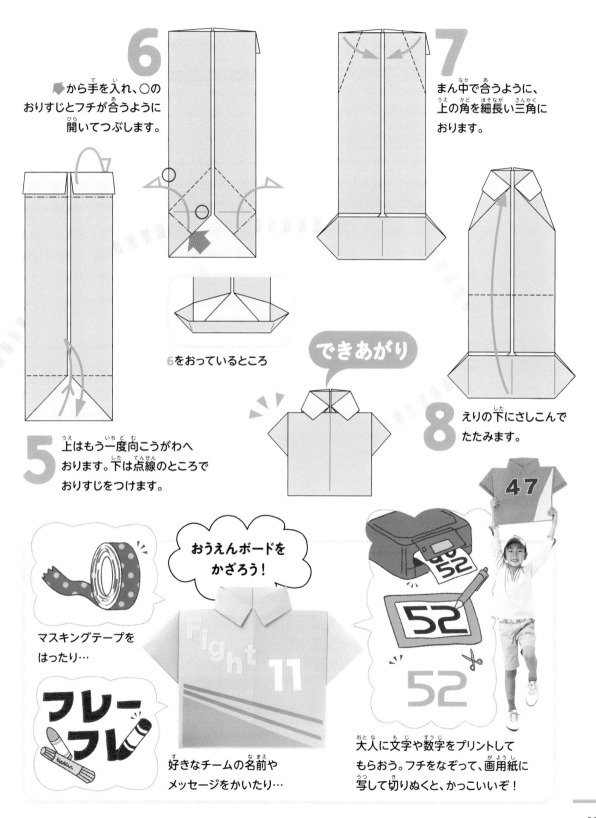

**6** ⬛から手を入れ、○の
おりすじとフチが合うように
開いてつぶします。

**7** まん中で合うように、
上の角を細長い三角に
おります。

**5** 上はもう一度向こうがわへ
おります。下は点線のところで
おりすじをつけます。

6をおっているところ

**できあがり**

**8** えりの下にさしこんで
たたみます。

**おうえんボードを
かざろう!**

マスキングテープを
はったり…

フレー
フレ

好きなチームの名前や
メッセージをかいたり…

大人に文字や数字をプリントして
もらおう。フチをなぞって、画用紙に
写して切りぬくと、かっこいいぞ!

Fight
11

47

52

52

52

# おもいで ペナント

しあいに勝った記ねんや、
がんばった思い出に！

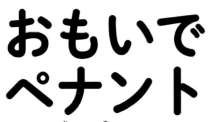

### ●用意するもの
画用紙（26×35cmくらい）

五角形も
おもしろいぞ！

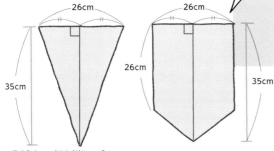

26cm　　　　26cm

35cm　　　26cm

35cm

画用紙を三角形に切りましょう。
ペナントのはばのまん中から、直角に線を
引いてから図形を作ると、きれいな形になります。

**こんなふうにかざってみよう！** 2

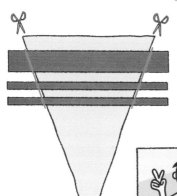

おびに切った
画用紙をはって
はみ出したところを切ると、
ラインができます。

勝ったときの写真をかざろう！
おりがみをはるのもすてきだよ。

**こんなふうにかざってみよう！** 1

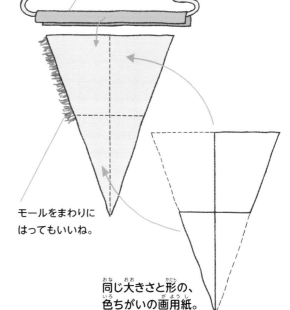

ふたつおりにした画用紙のおび。
ひもを間に通してはると、
つり下げられます。

モールをまわりに
はってもいいね。

同じ大きさと形の、
色ちがいの画用紙。
半分だけ切ってはると、
もようができます。

# メダル

ピカピカとかがやくメダル。
勝った人にかけてあげよう!

ダリア(87ページ)を
おって使います。

首に下げるリボンや
かざり用のリボンは、
うらからはります。

シール

# ひょうしょうプレート

金や銀で作ると、かっこいいぞ! もらったらうれしいね。

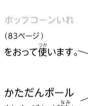

ポップコーンいれ
(83ページ)
をおって使います。

かただんボール
(かたがわが波に
なっただんボール)
のうらに、
工作用紙をはって
プレートに。

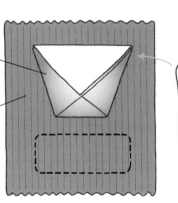

リボン

優勝
おめでとう

## トロフィーにもなるよ!

優勝

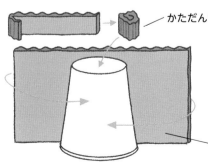

かただんボールを細く切って、くるくるとまきます。

底を少し広げて
はります。

さかさにした紙コップに、
かただんボールをまきます。

メッセージをそえて

# シャツのふうとう

友だちに、シャツ形におったこんな手紙を出すのはどう？　内がわにおたよりをかいたり、表にメッセージをそえたり。

だれにどんなメッセージを送ろうか、考えるだけで楽しくなるね！

シールや切り紙でデコってね。

いつも ありがとう

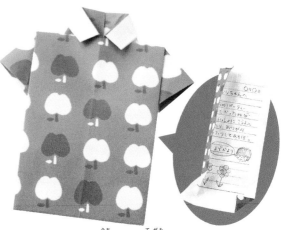

シャツの内がわに手紙をかこう。

## 「シャツがたおうえんボード」と同じおり方だよ！

68ページ

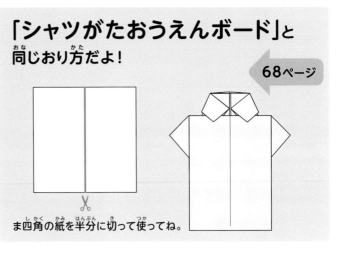

ま四角の紙を半分に切って使ってね。

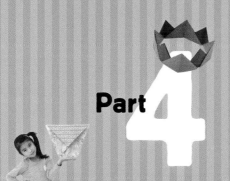

# Part 4

# パーティーの
# おもてなし

★★★★

待ちに待ったおたんじょう会や
クリスマスパーティー。
じゅんびはオッケー!?
おりがみの楽しいアイテムで
友だちをおむかえしよう!

# 作ってかざって！
# 楽しさ100倍!!

おりがみで部屋やテーブルをかざれば
パーティーがもっと楽しくなる！
おたんじょう日には
主役のかぶる王かんもおろう。

## おりがみで
## にぎやかテーブルに

おかしをのせるお皿や入れ物も
かんたんにおれるよ。
お花もおって
すてきにテーブルデコレーション!

## いろんな形や色の
## つるしかざり

リボンやお花の形など
同じモチーフをつなげるガーランド。
いろんな色で作ってつなげると
カラフルになるよ。

## ひもを引っぱれるのは
## 主役だけ!

おいわいのときに
こんなくす玉があったらうれしいね。
ひもを引っぱれば
パカッと開いて「おめでとう」!

# ハートの つなぎかざり

ハート形をつないでつないで、部屋のかざりに！

## じゅんび

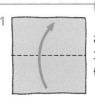

おりがみで「半分におる」を
3回くり返して、おりすじをつけます。
切ると8本のおびができます。

早くからつるすと
ハートがのびやすいの。
パーティーの日に
かざってね

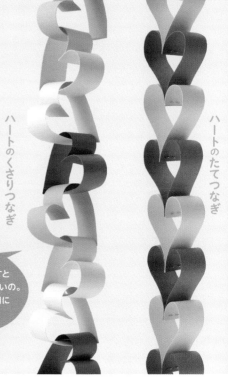

ハートのくさりつなぎ

ハートのたてつなぎ

スタート

スタート

### ハートのくさりつなぎ

のり

**1** おびを半分におって、
上のはしに
のりをぬります。

**2** 内がわに丸めて、
ハート形に
はり合わせます。

**3** 次のおびを2に通して、
同じようにハート形を
作っていきましょう。

しっかり
作りたいときは
色画用紙で

色画用紙はあつみがあるから、
おびをえんぴつなどで
カールさせてから作ってね。

### ハートのたてつなぎ

**1** おびを半分におって、
まず1つ目をハート形に
します。ハートの山の間に、
2つ目のおびをさしこみます。

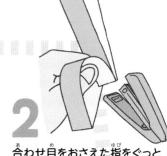

**2** 合わせ目をおさえた指をぐっと
外におし出し、2ついっしょに
ホッチキスでとめます。

**3** 2ができたところ。
同じようにくり返しましょう。

# ガーランド

同じ形がつづく楽しいかざり。
どんな形にしようかな？

77

## じゅんび

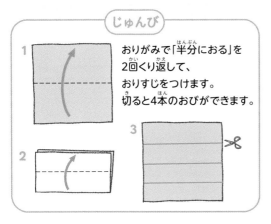

おりがみで「半分におる」を
2回くり返して、

おりすじをつけます。

切ると4本のおびができます。

**スタート**

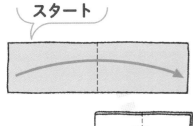

**1** おびを横半分に
3回おります。

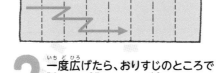

**2** 一度広げたら、おりすじのところで
山おりと谷おりをくり返します。

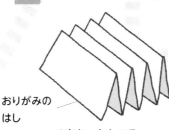

**2**をおったところ。
「じゃばら」になりました。

おりがみの
はし

好きな形に切ります。
左右とも、フチを切らない
ところをのこしましょう。
これが、かざりがつながる
ヒミツ！

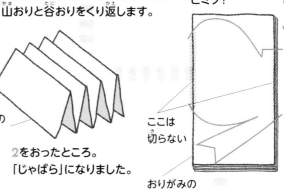

**3**

ここは
切らない

おりがみの
はし

**できあがり**

# ハートの
# ナプキンリング

**ハートがかわいい！ たたんだナプキンをとめてね。**

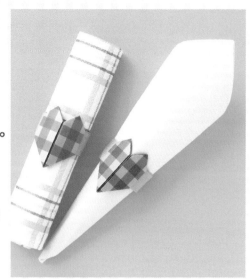

ハートのブレスレット（48ページ）をおったら、
たたんだナプキンにまいてとめましょう。
もようの紙でおるのもおすすめです。

# はしぶくろ

**もようの紙と色画用紙の組み合わせがポイント！**

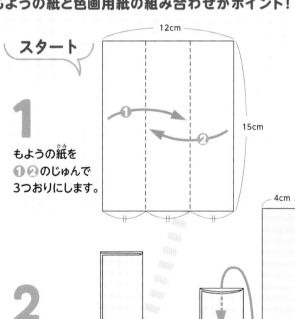

スタート

12cm

15cm

**1**

もようの紙を
①②のじゅんで
3つおりにします。

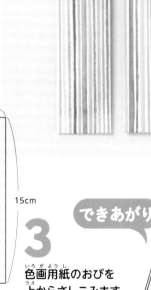

4cm

15cm

**2**

下を2cmくらい
向こうがわへ
おります。

2cm

できあがり

**3**

色画用紙のおびを
上からさしこみます。

# カードスタンド

名前カードをはさんで
せきにおこう。

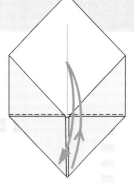

**スタート**

## 1
おりすじを
2つつけます。

## 2
まん中によせるようにして、
角を3つおります。

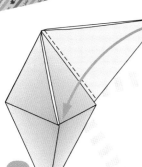

## 3
下の角を2つ、
よせるようにおります。

## 4
おってもどし、
おりすじをつけます。

## 5
半分におります。

## 6
点線のところで
ななめにおります。

## 7
中を広げます。

## 8
とび出した三角を
おり入れます。

## 9
角を内がわに
おり入れます。

**うらがえす**

**できあがり**

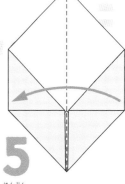

カードは
すきまに
はさむよ

# おかしいれ

入れるものに合わせて、
いろいろな大きさでおれるよ！

**スタート**

色のついたほうを表にして、
つる（22ページ）の
**4**までおります。

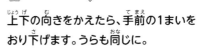
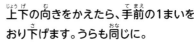

むきをかえる

## 1

上下の向きをかえたら、手前の1まいを
おり下げます。うらも同じに。

## 2

おりずらして
おる面をかえます。

## 3

おりすじに合わせて
左右をおります。
うらも同じに。

## 4
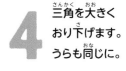

三角を大きく
おり下げます。
うらも同じに。

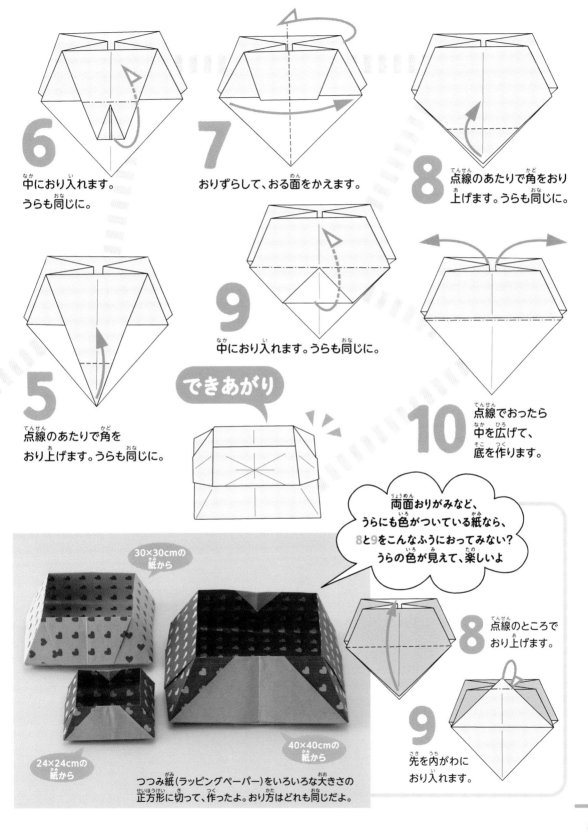

**6** 中におり入れます。
うらも同じに。

**7** おりずらして、おる面をかえます。

**8** 点線のあたりで角をおり
上げます。うらも同じに。

**5** 点線のあたりで角を
おり上げます。うらも同じに。

**9** 中におり入れます。うらも同じに。

**できあがり**

**10** 点線でおったら
中を広げて、
底を作ります。

両面おりがみなど、
うらにも色がついている紙なら、
8と9をこんなふうにおってみない？
うらの色が見えて、楽しいよ

30×30cmの
紙から

40×40cmの
紙から

24×24cmの
紙から

つつみ紙(ラッピングペーパー)をいろいろな大きさの
正方形に切って、作ったよ。おり方はどれも同じだよ。

**8** 点線のところで
おり上げます。

**9** 先を内がわに
おり入れます。

81

# なんでもプレート

なにをのせようかな？　ワクワクするね！

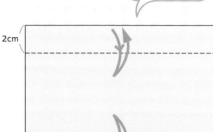

スタート

16×16cmの紙から

15×18cmの紙から

作りたい形や大きさに合わせて、紙のサイズをかえてね。

**1** 2cmくらいのはばで上下をおって、もどします。

2cm

2cm

2cm

2cm

**2** 左右も2cmくらいのところで、おりすじをつけます。

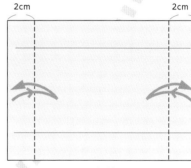

**3** をおっているところ

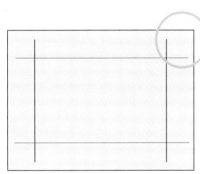

**3** 角のアップです。
山おりと谷おりをして、角をつまみます。

できあがり

**4** はしをまとめて向こうがわへおります。
のこりの3つの角も同じに。

# ポップコーンいれ

かわいいつつみ紙で、1人に1つ！

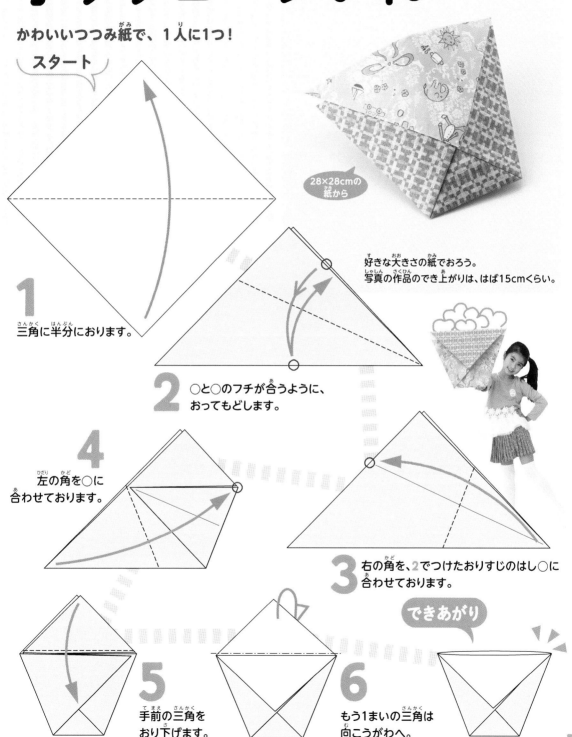

スタート

28×28cmの紙から

好きな大きさの紙でおろう。
写真の作品のでき上がりは、はば15cmくらい。

**1** 三角に半分におります。

**2** ○と○のフチが合うように、おってもどします。

**3** 右の角を、**2**でつけたおりすじのはし○に合わせております。

**4** 左の角を○に合わせております。

**5** 手前の三角をおり下げます。

**6** もう1まいの三角は向こうがわへ。

できあがり

# くすだま

**がんばったぶんだけ、よろこんでもらえるよ！**

●用意するもの

和紙やしょうじ紙／金紙／でんぷんのり／ボンド／ビーチボールや大きめのゴムボール／ひも（80cmくらいを2本、50〜60cmくらいと30cmくらいを1本ずつ）／もぞう紙や書道用紙／ストロー／リボンやおりがみ（かざり用）／ガムテープ／マスキングテープ

●道具

はさみ／ハケや絵筆／キリなどとがったもの

けがをしないように気をつけて作ってね

**スタート**

**1** 和紙やしょうじ紙を手のひらくらいの大きさに切り、「はりこ」をします。少しだけ水でといたでんぷんのりを紙にぬりましょう。

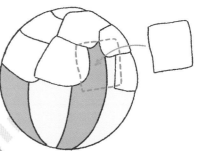

**2** 1を少し重ねながらはっていきビーチボールを半分おおいます。

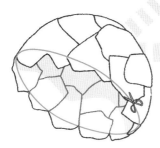

**3** かわかしてボールをはがします。同じものをもう1つ作ります。2つ合わせて丸くなるように、両方とも、はみ出した紙を半分のところで切っておきましょう。

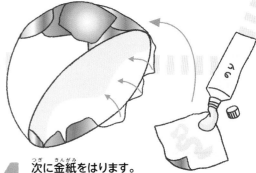

**4** 次に金紙をはります。手のひらくらいに切り、のり、またはのりとボンドをまぜたものをぬってはります。スティックのりは、くっつく力が弱いので使いません。

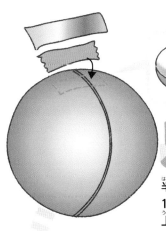

## 5

半玉2つを合わせて丸くしたら、
1カ所をガムテープでとめます。
上から金紙をはってかくすと、
もっときれい。開いて、同じところを
内がわからもガムテープでとめます。

上から見た図

## 6

半玉のてっぺん近くに、
図のようにあなを2つあけます。
もう1つの半玉も同じに。そこに1本ずつ、
80cmくらいのひもを通します。

## 8

たれまくを作ります。
たて長に切ったもぞう紙などに
文字をかいたら、ひもを通した
ストローをはりつけます。
ひもは50〜60cmくらい。
カールさせたリボンなどを
両はしにかざりましょう。

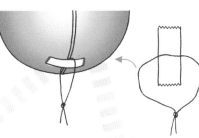

## 7

6のひもを上で1つにむすびます。
手をはなして半玉がパカッと
開いたら、せいこう!
うまく開かないときは、
あなの場所をかえてみましょう。

## 10

とじた玉の下を
とめます。
30cmくらいの
ひもをわにむすんで、
マスキングテープの
まん中におきます。
そのまま両方の玉に
またがるように
はりましょう。

できあがり

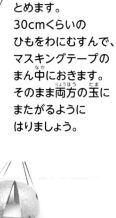

## 9

半玉を開いて、8のひもを6のひもに
むすびつけます。
おりがみなどを切った紙ふぶきと
たれまくを入れて、半玉をとじます。

強く引っぱって
くす玉をわるよ。

# おうかん

パーティーの主役がひと目でわかる！

スタート

7.5cm
7.5cm

4つに切ったおりがみで、
ふうせん（10ページ）の4までおります。
好きな色でたくさん作りましょう。

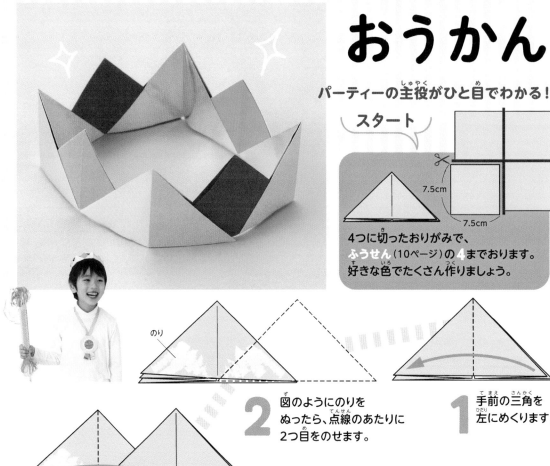

**2** 図のようにのりを
ぬったら、点線のあたりに
2つ目をのせます。

のり

**1** 手前の三角を
左にめくります。

**3** 1でめくった三角を
もどします。

小さく作れば、
ほら、
ティアラみたい！

**4** 同じようにして、反対がわもはさんでのりづけします。

**5** 4を作ったところ。同じようにして、たくさんつなげましょう。

できあがり

丸くつなげてね。頭に合わせて、数をふやしたりへらしたりしよう。

# ダリアのはなかざり

お花のおりがみが、すてきなテーブルかざりに!

**スタート**

だましぶね(102ページ)の
**6**までおります。

**1** ふくろに🏠から手を入れて、
矢じるしのほうへ開いてつぶします。

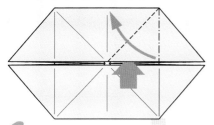

**2** 1をおったところ。のこり3つのふくろも
同じように開いてつぶします。

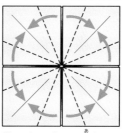

**3** おりすじに合わせて
小さな三角を
8つおります。

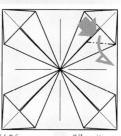

**4** 三角のふくろに指を入れ、
開いてつぶします。
ほかの7つのふくろも同じに。

**台を作って
お花をかざろう**

カラー工作用紙やかただんボール(71ページも見てね)で、図のように三角の台を作ってね。前と後ろの両方に「ダリア」をはるよ。

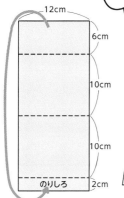

12cm
6cm
10cm
10cm
のりしろ
2cm

レースペーパーやリボンなど

**できあがり**

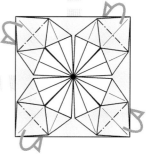

**5** 角を4つとも
向こうがわにおります。

# バラのはなかご

こんなふうにかざって、
テーブルにおいてみない?

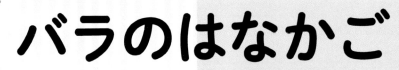

**スタート**

**1** おりすじを2つつけます。

**2** まん中に
よせるようにして
角をおります。

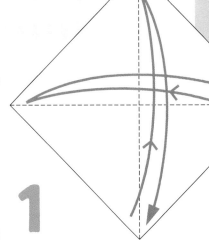

**3** また、角をよせるようにおります。

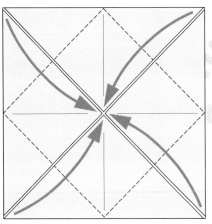

**4** もう一度、
角をよせるように
おります。

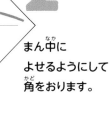

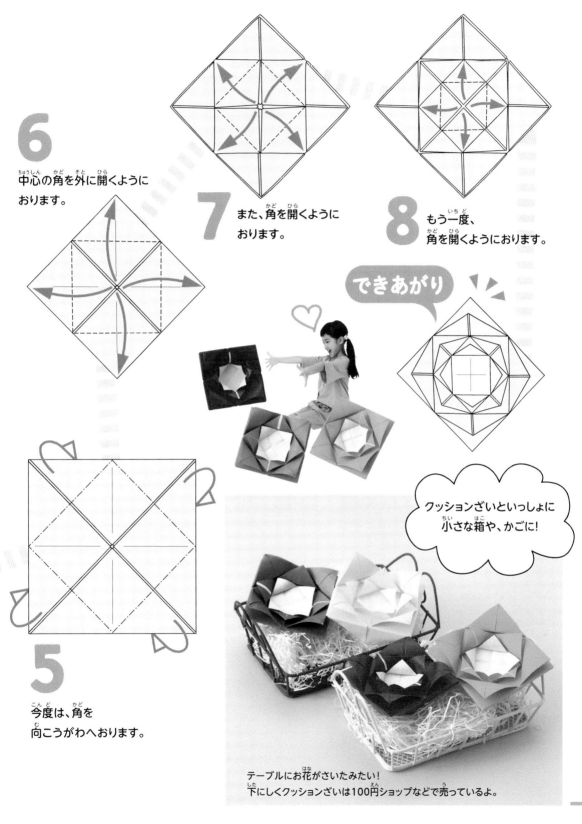

## 6

中心の角を外に開くように
おります。

## 7

また、角を開くように
おります。

## 8

もう一度、
角を開くようにおります。

できあがり

クッションざいといっしょに
小さな箱や、かごに!

## 5

今度は、角を
向こうがわへおります。

テーブルにお花がさいたみたい!
下にしくクッションざいは100円ショップなどで売っているよ。

「いちご」がへんし〜ん！

# いちごの カード

「いちご」のおりがみを、カードにしてプレゼントしてみない？　お客さまの人数分おって、パーティーのときに、名前カードとしてせきにおくのも、いいアイデアだね。

水玉やストライプ、お花もようなど、両面おりがみはいろいろデザインがあるよ。お気に入りのおりがみをさがして、くふうしてみてね！

赤と緑の両面おりがみでおった
「いちご」です。

32ページ

# Part 5

# パーティーを
# もり上げよう

パーティーでみんなが集まったら
ゲームでもり上がろう！
その場ですぐおれて、
みんなで楽しめる
おりがみを使ったゲームがいっぱい!!

# 紙でっぽうを
# クラッカー代わりに

ふり下ろすと、大きな音が鳴ってもり上がるよ！
パーティーの始まりに鳴らそう。

# ごちそうのあとは
# おりがみで遊ぼう！

おって遊べるおりがみは、パーティーのときにみんなで楽しめるよ。
ごちそうを食べたあとに、ゲームスタート！

## おかしパクパクゲーム

おなかがすいたからすに、おかしを食べさせよう。
だれがいちばんたくさんつまめるかな？

## 高くとばせたら勝ち！

ロケットにストローで下から息をふきこめば、
高くとばすことができるよ。
とばしっこゲームでもり上がろう！

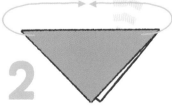

# どっきり
# スイーツ

**本物みたいなスイーツで**
びっくりさせよう！

アイスクリーム

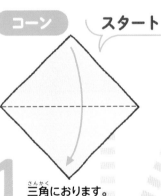

## コーン　スタート

**1** 三角におります。

**2** 両はしが大きく重なるように、
くるりとまきます。

**3** それぞれはしを
おり下げます。

**4** コーンのでき上がり。

## アイス　スタート

**1** 一度くしゃくしゃにしたおりがみを
広げて、まん中に丸めた
ティッシュをのせ、つつみます。

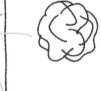

**2** 形をととのえて、
コーンの上にのせます。

できあがり

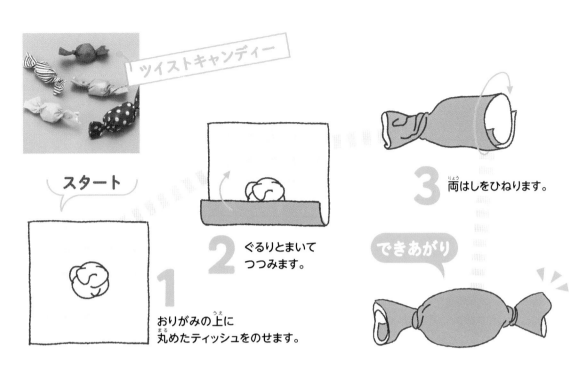

ツイストキャンディー

スタート

**1** おりがみの上に
丸めたティッシュをのせます。

**2** ぐるりとまいて
つつみます。

**3** 両はしをひねります。

できあがり

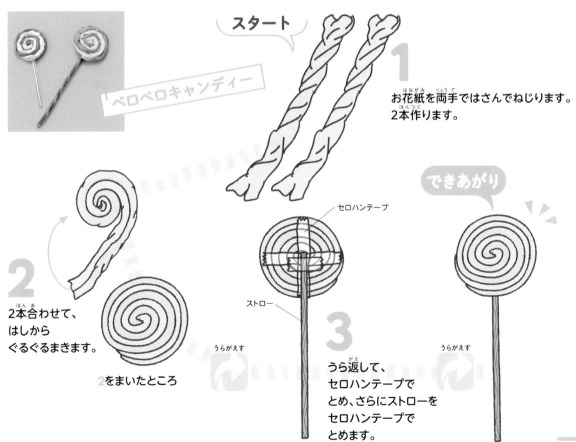

ペロペロキャンディー

スタート

**1** お花紙を両手ではさんでねじります。
2本作ります。

**2** 2本合わせて、
はしから
ぐるぐるまきます。

2をまいたところ

セロハンテープ

ストロー

**3** うら返して、
セロハンテープで
とめ、さらにストローを
セロハンテープで
とめます。

うらがえす

できあがり

うらがえす

# かみでっぽう

クラッカーの代わりに「パーン」と鳴らそう！
チラシやつつみ紙は、いい音がするよ。

スタート

**1** 長四角の紙を用意して、
横半分におりすじをつけます。

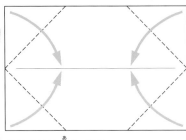

**2** おりすじに合わせて
4つの角をおります。

**3** 全体を半分におります。

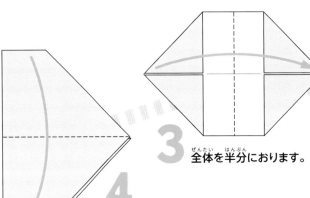

**4** 全体をもう一度半分におります。

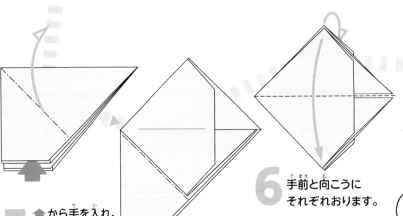

**5** ⬆から手を入れ、
矢じるしのほうへ
開いてつぶします。
うらも同じに。

**6** 手前と向こうに
それぞれおります。

できあがり

★を持って元気よく
ふり下ろすと、大きな音が
鳴るよ。広がったところを
たたみ直して、
また遊ぼう

# ロケット

だれがいちばん高くとばせるかな。
みんなできょうそうしよう!

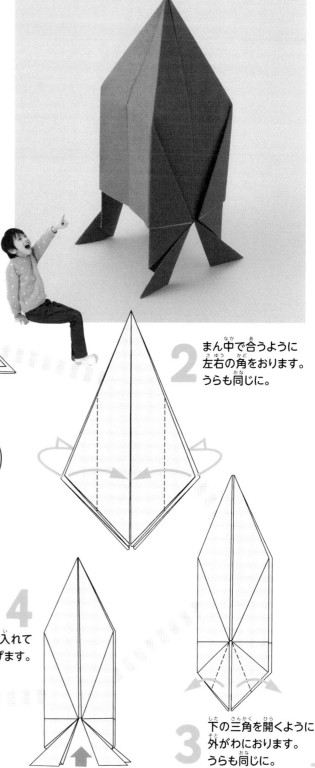

スタート

ふうせん
（10ページ）の
4までおります。

（102ページ）の
までおります。

**1** ○のフチが◎のおりすじと合うように、
左右を三角におります。
うらも同じに。

曲がるストローを
下からさしこんでふくと、
上にとぶよ!

**2** まん中で合うように
左右の角をおります。
うらも同じに。

**4** 🔺から指を入れて
中を広げます。

できあがり

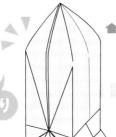

**3** 下の三角を開くように
外がわにおります。
うらも同じに。

97

# はらぺこ がらす

口が動いて、
おかしだって食べちゃうよ。

スタート

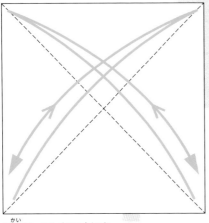

**1** 2回おって、おりすじを
2つつけます。

**2** まん中によせて、
4つの角をおります。

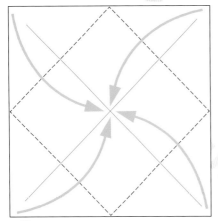

**2**をおったところ

**3**をおった
ところ

うらがえす

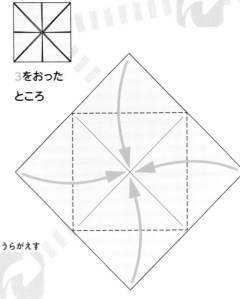

うらがえす

**3** うら返したら、また
まん中によせて
4つの角をおります。

98

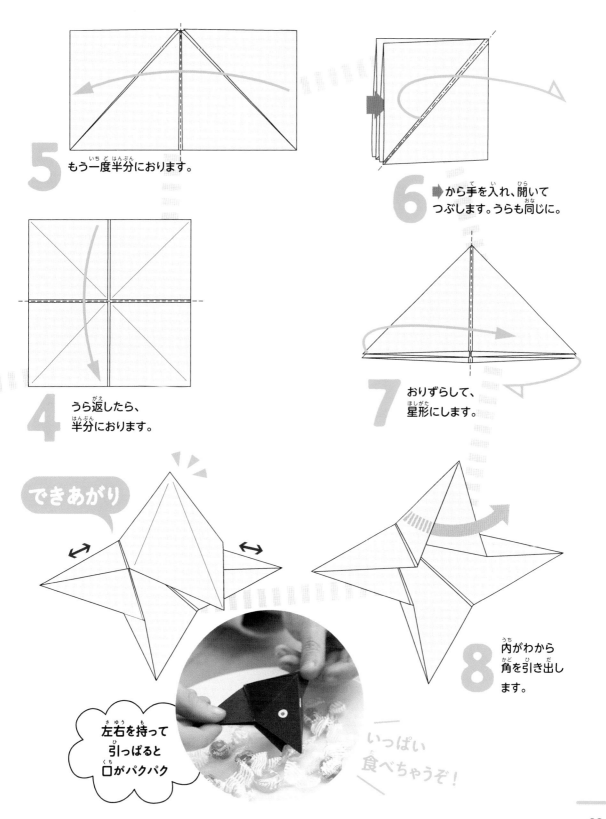

**5** もう一度半分におります。

**6** ⮕から手を入れ、開いて
つぶします。うらも同じに。

**4** うら返したら、
半分におります。

**7** おりずらして、
星形にします。

できあがり

**8** 内がわから
角を引き出し
ます。

左右を持って
引っぱると
口がパクパク

いっぱい
食べちゃうぞ！

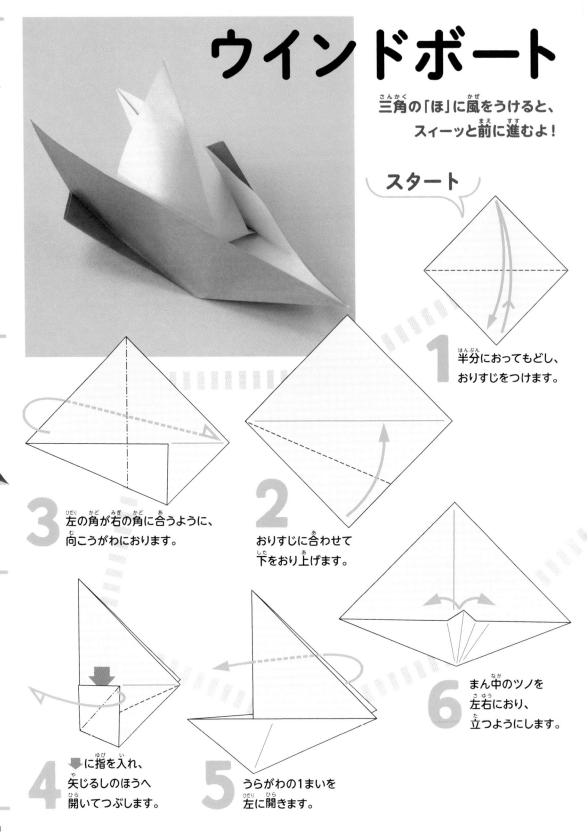
# ウインドボート

三角の「ほ」に風をうけると、
スィーッと前に進むよ！

**スタート**

**1** 半分におってもどし、
おりすじをつけます。

**2** おりすじに合わせて
下をおり上げます。

**3** 左の角が右の角に合うように、
向こうがわにおります。

**4** ▼に指を入れ、
矢じるしのほうへ
開いてつぶします。

**5** うらがわの1まいを
左に開きます。

**6** まん中のツノを
左右におり、
立つようにします。

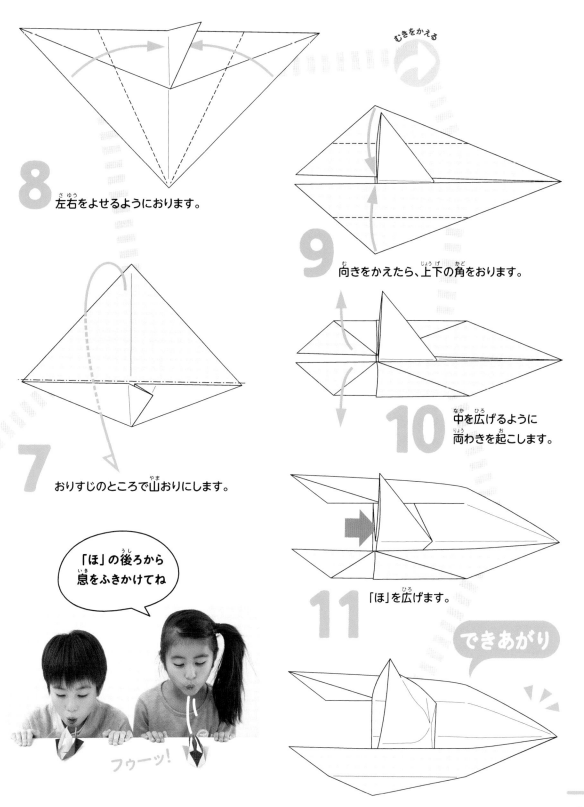

**8** 左右をよせるようにおります。

**9** 向きをかえたら、上下の角をおります。

むきをかえる

**7** おりすじのところで山おりにします。

**10** 中を広げるように両わきを起こします。

「ほ」の後ろから息をふきかけてね

**11** 「ほ」を広げます。

できあがり

フゥーッ!

101

# だましぶね

ふしぎな手品で、
友だちをおどろかせちゃおう。

**スタート**

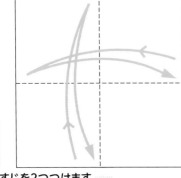

**1** おりすじを2つつけます。

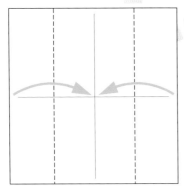

**2** まん中で合うように
左右をおります。

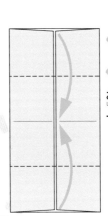

**3** おりすじに合わせて
上下をおります。

**4** ななめにおって
おりすじをつけます。

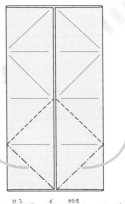

**5** 広げて図の形までもどしたら、
矢じるしのほうへ開いて
つぶします。

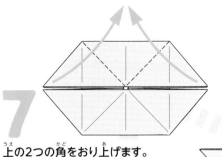

**7** 上の2つの角をおり上げます。

7をおったところ

うらがえす

**8** うら返したら、点線のところでななめにおります。

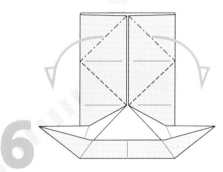

**6** 5をおっているところ。上も同じように開いてつぶします。

できあがり

うまくだませるかな？

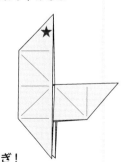

相手に「ほ」の先★を持って目をつぶってもらってね。だます人が2つの角をななめにおり下げると…

あらふしぎ！目をあけると、なぜか「へ先」を持っているよ。

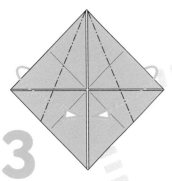

# おすもうさん

おすもうさんを土ひょうにのせて、
「はっけよい のこった！」。

スタート

## 1
ななめに2回おって、
おりすじを2つつけます。

## 2
4つの角を
まん中に向けております。

## 3
まん中で合うように左右を
向こうがわへおります。

## 4
矢じるしのほうへ開きます。

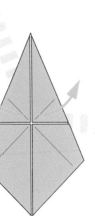

## 5
うらがえす

うら返したら、それぞれ
点線のところでおります。

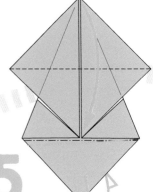

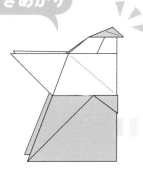

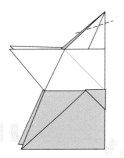

**9** 外わりおりで「まげ」をおります。

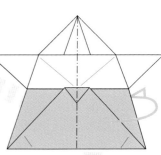

**8** 向こうがわへ
全体を半分におります。

空き箱を引っくり返して
土ひょうを作ってね

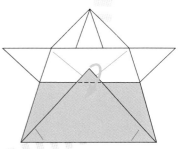

**7** うら返したら、
とび出たところを
小さくおります。

箱をトントンたたくとおすもうさんが動くよ。
たおれたほうが負けだよ。

うらがえす

6をおったところ

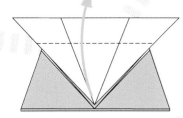

**6** 点線のところで
おり上げます。

# ぱくぱく

ラッキーアイテムがうらなえる
楽しいおりがみだよ!

**スタート**

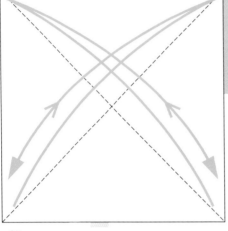

**1** 2回おって、おりすじを2つつけます。

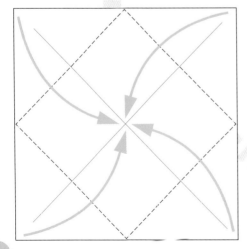

**2** まん中によせて4つの角を
おります。

**3**をおったところ

**3** うら返したら、
まん中によせて
4つの角をおります。

うらがえす

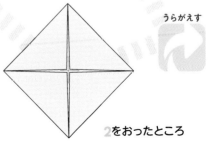

**2**をおったところ

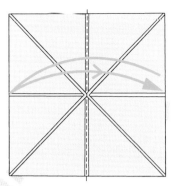

**4** 半分におってもどし、
おりすじをつけます。

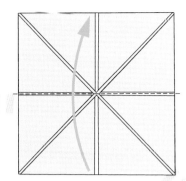

**5** ちがう向きで
半分におります。

**できあがり**

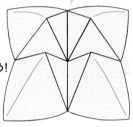

指を動かして、
口のように
ぱくぱくさせよう!

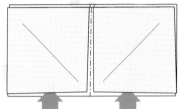

**6** 4つのふくろに、
両手の親指と人さし指を
下から入れます。

「ぱくぱくうらない」
をしよう!

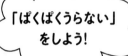

**1** おり図の**5**の形に
もどして、1つの三
角に1つずつ数字
を8つかきます。

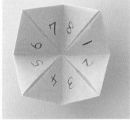

**3** うらなう友だちの名前を言
いながら、たてや横にぱく
ぱくさせます。名前を言い終わ
ったら手を止めて、見える中
から数字を1つ、友だちにえ
らんでもらってね。

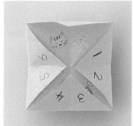

**2** 紙をめくって、内
がわに8つ好きな
絵をかいてね。

**4** えらんだ数字をめくって、出た絵が今日の
ラッキーアイテム!

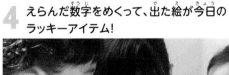

# カメラ

パーティーの写真をとろう。
はい、チーズ！

### スタート

はらぺこがらす
（98ページ）の
**3**までおります。

うらがえす

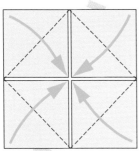

**1** うら返したら、もう一度
まん中によせて、角をおります。

**1**をおったところ

うらがえす

**2** うら返したら、2つのふくろを
開いてつぶします。

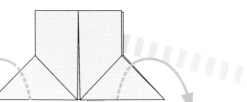

**4** 内がわに入っている角を
それぞれ外に引っぱり出します。

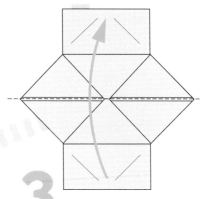

**3** 半分におります。

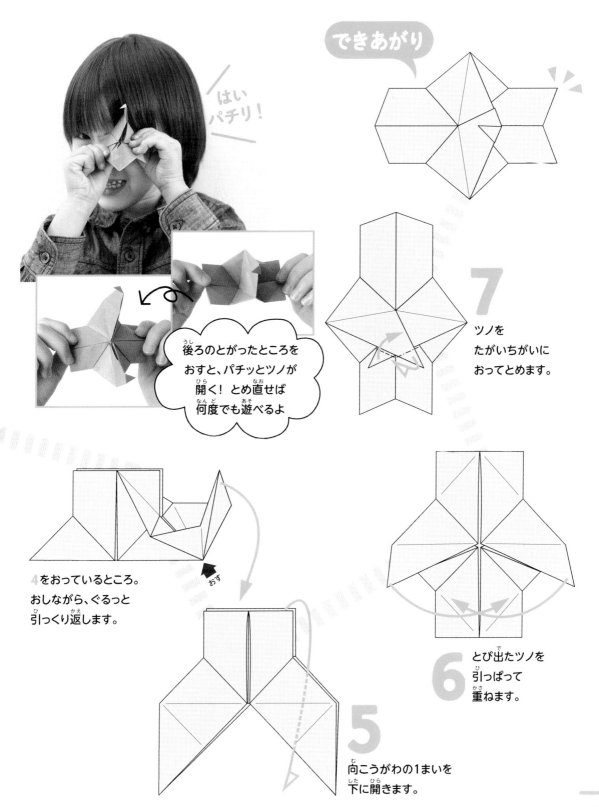

はい
パチリ！

でき あがり

後ろのとがったところを
おすと、パチッとツノが
開く！ とめ直せば
何度でも遊べるよ

**7** ツノを
たがいちがいに
おってとめます。

4をおっているところ。
おしながら、ぐるっと
引っくり返します。

おす

**6** とび出たツノを
引っぱって
重ねます。

**5** 向こうがわの1まいを
下に開きます。

## 「チューリップ」

スタート

好きなおりがみでかざって

# お花の<ruby>花<rt>はな</rt></ruby>カード

おたんじょう<ruby>日<rt>び</rt></ruby>やけいろうの<ruby>日<rt>ひ</rt></ruby>、<ruby>母<rt>はは</rt></ruby>の<ruby>日<rt>ひ</rt></ruby>や<ruby>父<rt>ちち</rt></ruby>の<ruby>日<rt>ひ</rt></ruby>など、カードをおくりたいときって多いよね。そんなときは、おりがみをおってはって、<ruby>世界<rt>せかい</rt></ruby>で1つだけのカードを<ruby>作<rt>つく</rt></ruby>ってみよう。「ありがとう」や「おめでとう」の<ruby>気持<rt>きも</rt></ruby>ちが、もっと<ruby>伝<rt>つた</rt></ruby>わるよ。

<ruby>写真<rt>しゃしん</rt></ruby>のカードには、もようの<ruby>紙<rt>かみ</rt></ruby>でおった「チューリップ」。<ruby>花<rt>はな</rt></ruby>と<ruby>花<rt>はな</rt></ruby>の<ruby>間<rt>あいだ</rt></ruby>にひもをわたして、カードを<ruby>開<rt>ひら</rt></ruby>くとメッセージがとび<ruby>出<rt>だ</rt></ruby>すようにしてみたよ。みんなも<ruby>自由<rt>じゆう</rt></ruby>にくふうして、<ruby>楽<rt>たの</rt></ruby>しいカードを<ruby>作<rt>つく</rt></ruby>ってね!

**1** <ruby>角<rt>かど</rt></ruby>を<ruby>合<rt>あ</rt></ruby>わせて<ruby>半分<rt>はんぶん</rt></ruby>におります。

**2** <ruby>左右<rt>さゆう</rt></ruby>の<ruby>角<rt>かど</rt></ruby>をおり<ruby>上<rt>あ</rt></ruby>げます。

できあがり

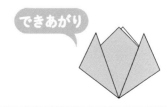

# さくいん

## STAFF

作品製作・構成・編集／鈴木キャシー裕子　唐木順子

ブックデザイン／今井悦子(MET)

撮影／佐山裕子(主婦の友社写真課)　三富和幸(DNPメディア・アート)

小物作成／阪本あやこ

作り方イラスト／速水えり　大森裕美子(p.31)

スタイリスト／伊藤みき(tricko)

モデル／河合瑞穂・瑛斗　川田なゆか・大翔　北川知花・心　木庭弥生・政
　　　　玉置 舞・璃杏・向日葵・暖　松尾紗良・美良

撮影アシスタント／窪田希枝

撮影協力／UTUWA　AWABEES

協力／高橋容子

編集担当／松本可絵(主婦の友社)

※本書は『イベントおりがみ』(2017年刊)に新規内容を加え、再編集したものです。

## 新版 イベントおりがみ

2020年9月30日　第1刷発行
2022年1月20日　第4刷発行

編　者　主婦の友社
発行者　平野健一
発行所　株式会社主婦の友社
　　　　〒141-0021　東京都品川区上大崎3-1-1　目黒セントラルスクエア
　　　　電話　03-5280-7537(編集)　03-5280-7551(販売)
印刷所　大日本印刷株式会社

© Shufunotomo Co., Ltd. 2020 Printed in Japan　ISBN978-4-07-444464-9